明《めい》治《じ》時代の郵《ゆう》便《びん》配《はい》達《たつ》・運送の装《そう》備《び》あれこれ

新しい時代の象徴《しょうちょう》だった郵便。配達・運送員が身につけたさまざまな装備から、当時の様子が見えてきます。

集配用かばん

1877年ごろの集配用かばん。
帆布《はんぷ》というじょうぶな布製《ぬのせい》です。

配達用かばん

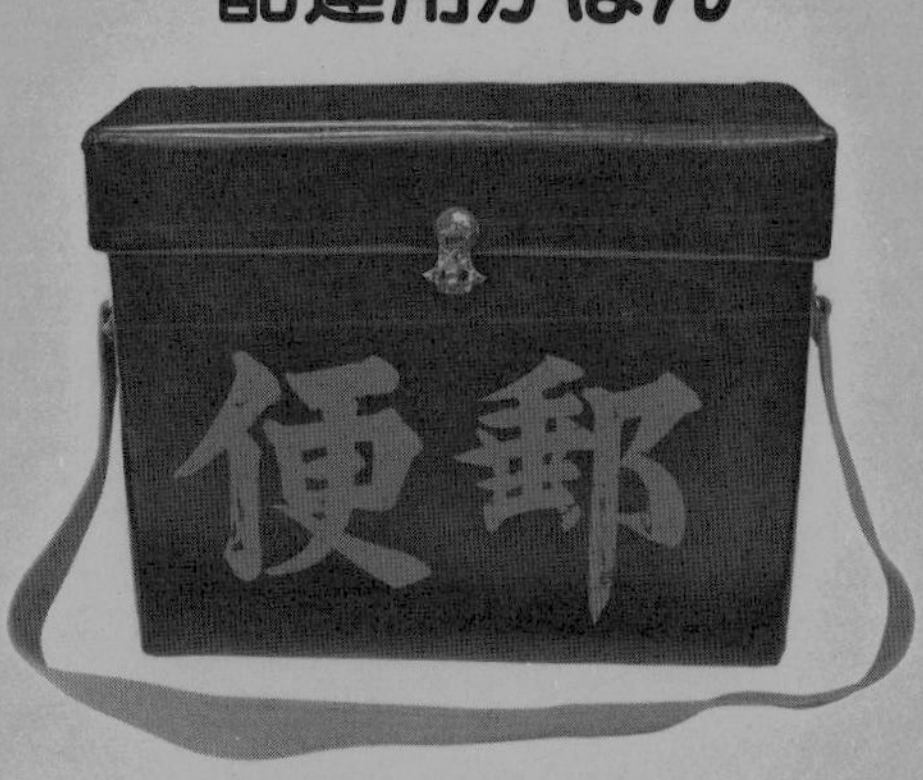

1871年の郵便創業《そうぎょう》時のかばんです。
革製《かわせい》で、「郵便」と大きく書かれています。

制服

1887年ごろの配達員の制服《せいふく》。
そでと笠《かさ》に〒マークがあります。

（アメリカ　1961年発行切手）

のろしを上げるインディアン。郵便《ゆうびん》が生まれる前から、人間はさまざまな通信《つうしん》を行ってきました。

（ベルギー　1982年発行切手）

手紙を届《とど》ける、中世ドイツの郵便配達人《はいたつにん》。このころの郵便は、一部の人びとのためのものでした。

1908年に採用《さいよう》されたポスト。つまみを持って180度回転させると、差出口《さしだしぐち》があらわれるしかけが特徴《とくちょう》です。

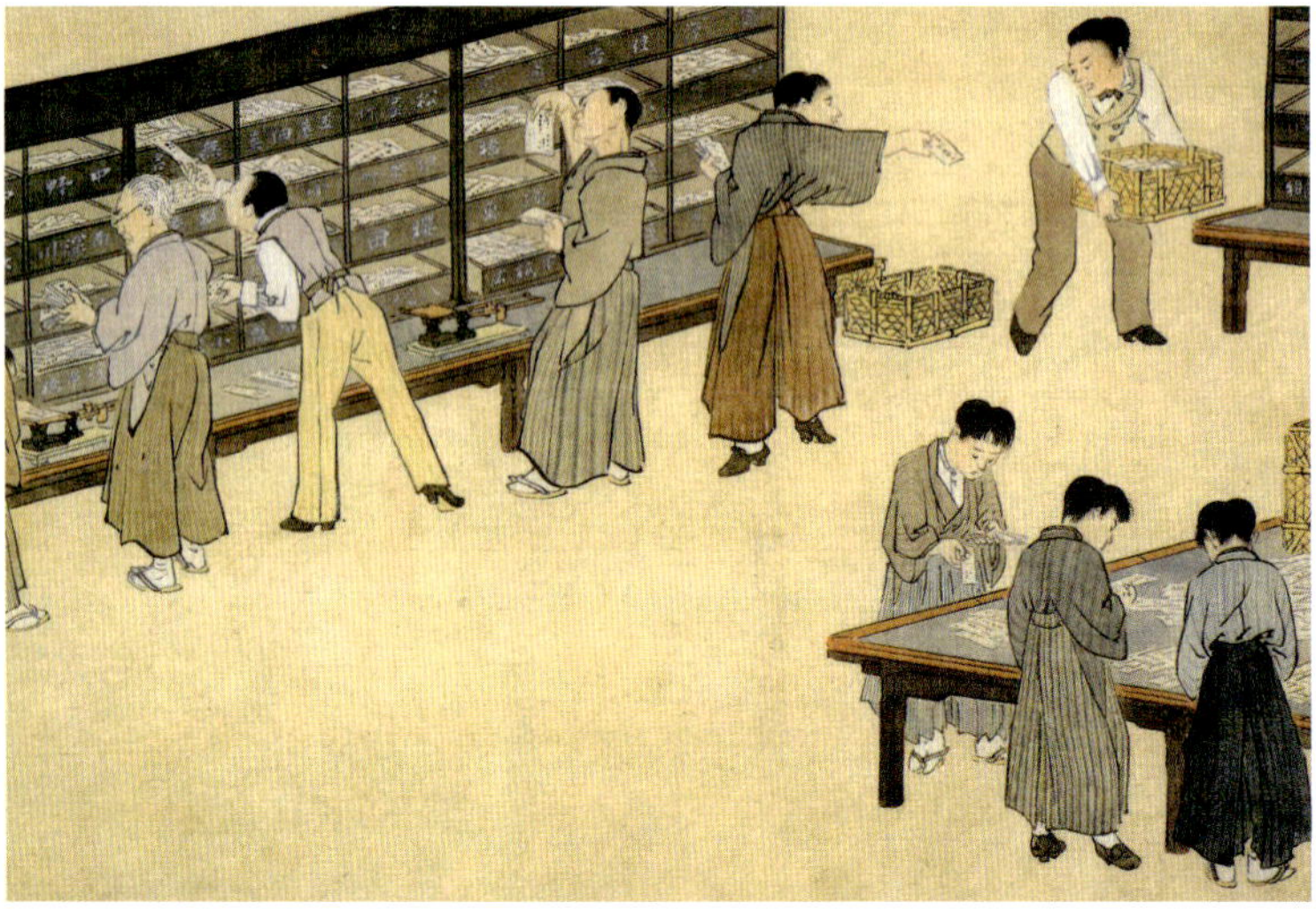

「郵便取扱の図」

130年ほど前の日本の郵便局《ゆうびんきょく》の様子。あて先別《べつ》に、手作業でひとつずつ仕分けを行いました。

戦地《せんち》に送る軍事《ぐんじ》郵便の出し方を説明《せつめい》するポスター（1943年）です。

初《はつ》のお年玉くじつき年賀《ねんが》はがきのポスター（1949年）。特等賞品《とくとうしょうひん》は高級ミシンで、はがきは寄付《きふ》金つきが１枚《まい》３円でした。

現代《げんだい》の郵便《ゆうびん》は多くの作業が機械化《きかいか》されています。郵便物の入ったケースをつみこんでいるのはロボットです。

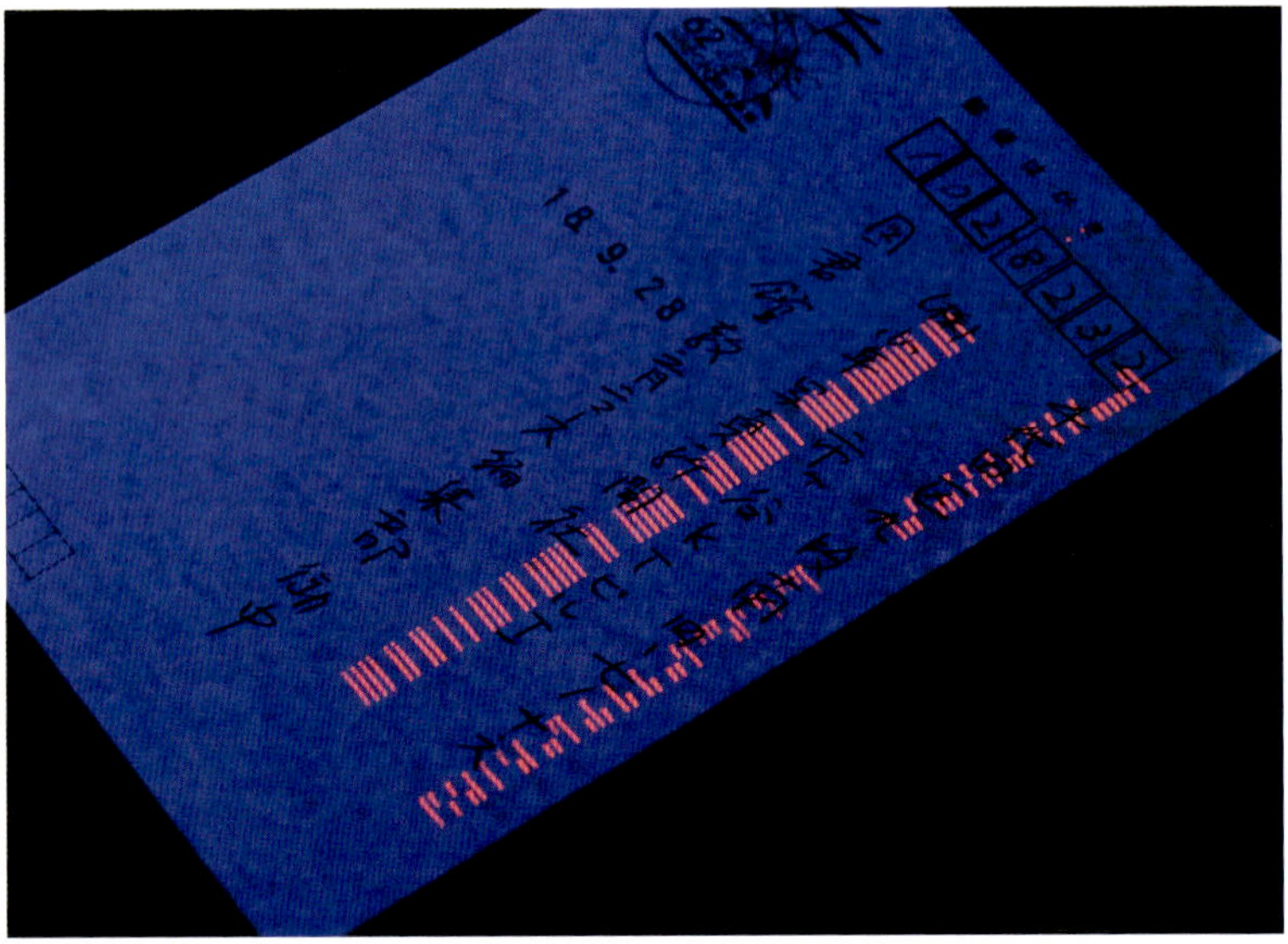

特殊《とくしゅ》なインクでバーコードを郵便物に印刷《いんさつ》しています。郵便物を効率《こうりつ》よく仕分けて届《とど》けるために使われます。

ちしきのもり

知ってる？ 郵便のおもしろい歴史

郵政博物館
編著

少年写真新聞社

目次

第2章　近代郵便の誕生《たんじょう》と発展《はってん》

はじめに

郵便《ゆうびん》はとてもシンプルで便利《べんり》な通信手段《つうしんしゅだん》です。手紙を書いてポストに入れるだけで相手に届《とど》きます。

現在《げんざい》の手紙はだれでも、どこからでも出すことができるし、また、もらうこともできます。この仕組みは世界のどの国でも共通《きょうつう》です。

でも、実はこんなことができるようになったのは、世界の長い歴史《れきし》の中では、ほんの少し前のことです。

郵便の便利な仕組みは、いつ、だれが考えたのでしょうか。

この本では、通信や郵便がどのように発達《はったつ》していったのかを紹介《しょうかい》します。

それは、国ぐにや文字が生まれるより昔から始まる、長い長い物語です。

なぜ通信が始まったのか、それぞれの時代と国でさまざまな通信方法《ほうほう》があったこと、ヨーロッパや日本では、近代的《てき》な郵便がどのように生まれたのかなどをわかりやすく記します。

そこからは、昔の人びとの、今とは大きくちがう生活も見えてきます。

読み終わると、みなさんは、郵便にくわしくなるとともに、いろいろな興味《きょうみ》がわいてくるでしょう。

それでは、郵便と通信の歴史をふり返る旅に出発しましょう。

第1章

郵《ゆう》便《びん》が生まれる前の通《つう》信《しん》

1節《せつ》　通信《つうしん》の始まり

わたしたち人間は、一人で生きているのではありません。家庭、学校、職《しょく》場《ば》、国など、いろいろな形がありますが、ほぼすべての人は、ほかの人とむすびつきを持って生活しています。生活にかかせないのは、人と人との間で言葉や感情《かんじょう》を伝《つた》え合うことです。これは人類《じんるい》の歴史《れきし》が始まったときからずっと変《か》わらずに行われています。

同じ場所にいれば、直接《ちょくせつ》顔を合わせて話すことができますが、はなれた場所では、それができません。そこで必要《ひつよう》になるのが通信です。

通信とは、メディアを使って、はなれた場所に言葉を伝えてコミュニケーションをとることです。メディアとは「なかだち」になるもののことで、

「媒体《ばいたい》」ともいわれます。具体的《てき》な例《れい》としては、新聞や雑誌《ざっし》、音声で話す電話や、音声に加《くわ》えてメールや動画も送れるスマートフォンなどの道具がそうであり、そして、郵便《ゆうびん》によって届《とど》けられる手紙もメディアのひとつです。

まずは通信がどのようにして始まったのか、どのように発達《はったつ》していったのか、郵便が始まる前の時代の移《うつ》り変わりを見ていきましょう。

文字が生まれる前の通信《つうしん》

今からずっと前の、石器《せっき》時代という、とても長く続《つづ》いた時代の最後《さいご》のころから、人類《じんるい》はひとつの定まった場所に住むようになりました。その場所で農業を始め、家畜《かちく》も飼《か》い始めました。やがて技術《ぎじゅつ》が発達《はったつ》すると人が住む範囲《はんい》は広がっていき、社会生活に大きな変化《へんか》がおとずれます。

ひとつの集団《しゅうだん》が大きくなり、はなれた場所に住んでいる別《べつ》の集団と出会い、物の交換《こうかん》をするようになり、やがてお金のやりとりもするようになったのです。この活動は「交易《こうえき》」とよばれます。

交易の中で「あれがほしい、これと交換してほしい」と伝《つた》えるには相手とのコミュニケーションが必要《ひつよう》です。交易が始まったことにより、はなれた場所に住む相手とおたがいに意思をやりとりするための通信が必要になりました。

おそらくいちばん最初《さいしょ》の通信は、使者となる人に伝言をたのむ、かんたんなものから始まったのでしょう。

その次に生まれた原始的《てき》な通信は、音や光を使うものでした。たとえば、アフリカやニューギニア、南アメリカの先住民族《みんぞく》の社会では、太鼓《たいこ》の音を用いる通信が行われていました。今のわたしたちが電話やスマートフォンでやりとりするような、日常的《にちじょうてき》な情報《じょうほう》を伝えていたそうです。

角笛《つのぶえ》を使った通信
（ルワンダ　1974年発行切手）

アフリカの太鼓タムタム（右）
（ルワンダ　1977年発行切手）

日本でも古くから太鼓《たいこ》を使った通《つう》信《しん》が行われ、その音色やリズムで意味を伝《つた》えました。戦国《せんごく》時代の合戦などでも、戦鼓《せんこ》やほら貝が使われていました。冬の夜の夜回りに打ち鳴らす拍子木《ひょうしぎ》や、お寺が時を告《つ》げるために朝や夕方に鳴らす鐘《かね》なども、音を使った通信のひとつといえるでしょう。

目で見る通信方法《ほうほう》

光を使う通信、つまり目で見て行う通信もあります。けむりや炎《ほのお》を使ったのろしやかがり火は古代からある方法です。

草や木をもやすと、けむりや炎が立ち上ります。高くまで上ったけむりや炎は、ずっと遠くからでも見ることができます。そこで、それらを合図として通信に使用したのです。のろしは漢字で「狼煙《のろし》」つまり狼《おおかみ》の

煙《けむり》と書きます。オオカミのフンをまぜてわらなどを焼《や》くと、けむりが垂直《すいちょく》に上がるという古代中国の言い伝《つた》えがもとになったといわれています。

のろしは戦争《せんそう》と関係《かんけい》が深い通信方法《つうしんほうほう》で、敵《てき》が攻《せ》めてきたことや、戦場の様子など、急いで知らせなければならない情報《じょうほう》を伝えていました。

日本の古い記録《きろく》では『日本書紀《にほんしょき》』という本の中に「天智天皇《てんじてんのう》の三年（六六四年）一二月、対馬国《つしまのくに》（長崎《ながさき》県対馬）、壱岐国《いきのくに》（長崎県壱岐）および筑紫国《つくしのくに》（福岡《ふくおか》県の一部）に、〝とぶひ〟を置《お》いて外敵の襲来《しゅうらい》にそなえた」と記されています。とぶひというのは、いつでものろしを上げることができるように用意された施設《しせつ》です。

武田信玄《たけだしんげん》ののろし台（復元《ふくげん》）（山梨《やまなし》県北杜《ほくと》市）

また、戦国時代の武将《ぶしょう》、武田信玄が信濃《しなの》（現在《げんざい》の長野《ながの》県）長沼城《ながぬまじょう》と甲《か》斐《い》（現在の山梨《やまなし》県）との間の見晴らしのよい丘《おか》にのろし台を造《つく》って、のろしを上げて戦《たたか》いの状況《じょうきょう》を報告《ほうこく》させていたという記録ものこっています。

また、一八世紀《せいき》にはのろしが進化したような、「腕木通信《うでぎつうしん》」がフランスで発明されました。これは発明家・技術《ぎじゅつ》者のクロード・シャップ（一七六三〜一八〇五年）が考えた、木製《もくせい》の三本の棒《ぼう》（腕木）をつなげた機械《きかい》を使う通信方法です。

見通しのよい高台に塔《とう》を造り、その上に腕木《うでぎ》を設置《せっち》します。腕木を動かして作る形に、それぞれ単語《たんご》や文字、数字などの意味をあらかじめ決めておきます。望遠鏡《ぼうえんきょう》をのぞいて、遠くにある腕木の形からメッセージを読み取り、それをまた腕木を使って伝《つた》えて、どんどんリレーしてゆくことで情報《じょうほう》を伝えていったのです。

腕木が置《お》かれた通信基地《つうしんきち》はたくさん造《つく》られて、一時期はフランス全土に通《つう》信《しん》ネットワークができるほど広まったそうです。

日本でも同じような通信がありました。江戸《えど》時代中期から明治《めいじ》時代にかけて使われた旗振《はたふ》り通信です。旗を用いて、主に米相場（市場で決まる米の値段《ねだん》）など、すばやく伝えたい情報をあつかいました。

この通信方法《ほうほう》は今日でも手旗信号などの形でのこっていて、飛行場《ひこうじょう》の誘導《ゆうどう》員《いん》や船員などが使用しています。

動物を使った通信方法

古代の通信には、伝書《でんしょ》バトという動物を使った方法もありました。ハトには遠くはなれた場所からでも自分の巣《す》に帰ってこられる、帰巣本能《きそうほんのう》という能力があります。この能力を利用《りよう》して、ハトの足にメッセージをむすびつけて、遠い場所から放すというものです。方向感覚《かんかく》にすぐれていて長い距離《きょり》を飛《と》べる、カワラバトという種類《しゅるい》のハトを飼《か》いならし、その性質《せいしつ》をさらに高めて利用していました。

伝書バトの歴史《れきし》はとても古く、紀元《きげん》前三〇〇〇年ごろの古代エジプトで、漁船《ぎょせん》から漁《りょう》の状況《じょうきょう》を知らせるために利用したという記録《きろく》があります。また、航海中《こうかいちゅう》に故郷《こきょう》との連絡《れんらく》にも使われたようです。

聖書《せいしょ》に出てくる「ノアの箱舟《はこぶね》」の物語の中でも、「箱舟から放したハトがオリーブをくわえてもどってきたのを見て、大洪水《だいこうずい》の水が引いて、陸地《りくち》がすがたをあらわしたことがわかった」と書かれた部分があります。

伝書《でんしょ》バトはその後、ローマ帝国《ていこく》（28ページ参照《さんしょう》）でも使われましたが、それは主に軍事用《ぐんじよう》の通信手段《つうしんしゅだん》としてでした。

現在《げんざい》もハトの帰巣本能《きそうほんのう》は人間に利用《りよう》されています。けれども通信用としてではなく、遠い場所からハトが巣《す》にもどるまでの時間を競《きそ》う「ハトレース」という競技《きょうぎ》に使われる場合がほとんどです。

伝書バト
（カタール　1968年発行切手）

文字の誕生《たんじょう》

情報《じょうほう》を伝《つた》えるためのものといえば、「文字」が思いうかびます。文字はある日突然《とつぜん》あらわれたものではありません。最初《さいしょ》に絵が生まれ、やがて絵文字になり、それが象形《しょうけい》文字へとつながっていったと考えられています。

現在知られている最《もっと》も古い文字は、紀元《きげん》前四〇〇〇年ごろに現在のイラクのあたりでさかえた古代メソポタミア文明で生まれたものです。これが紀元前三〇〇〇年ごろまでに古代くさび形文字へ発達《はったつ》したといわれています。この文字はヘラのようなものでやわらかいねんど板にきざまれていました。

文字の発明によって、通信の速度と正確《せいかく》さは大きく向上しました。

わたしたちが使っている漢字は古代の中国で発生した文字で、中国語、日本語、韓国《かんこく》語の表記に用いられています。今でも使われている文字としては、最《もっと》も古い種類《しゅるい》です。

現在《げんざい》見つかっている最も古い漢字は、三〇〇〇年以上《いじょう》前の中国の殷《いん》という国の時代に、うらないの結果《けっか》を書きこむために使用された文字でした。亀《かめ》の甲羅《こうら》や牛の骨《ほね》にきざまれていたので、甲骨文《こうこつ》字とよばれています。

ねんど板に書かれたくさび形文字の手紙
（オーストリア　1965年発行切手）

まず、亀の甲羅や牛の骨などのうら側《がわ》に小さなくぼみを作ります。そこに火であぶった青銅製《せいどうせい》の金属棒《きんぞくぼう》を差《さ》しこむと、熱《ねっ》せられた表側にひびわれができます。古代中国の人びとはそのひびわれの形によって、めでたいか不吉《ふきつ》かをうらないました。そしてひびわれの入った甲骨に、文字でうらないの内容《ないよう》や結果をきざみこみました。これが甲骨文字の始まりです。

甲羅にきざまれた甲骨文字（紀元《きげん》前11世紀ごろ）
（台湾《たいわん》　1979年発行切手）

紙の誕生《たんじょう》

文字を記録《きろく》しておくためのものとして「紙」の存在《そんざい》もわすれることはできません。

紙が発明されるまでには、ねんど板や甲骨《こうこつ》のほかにも、羊皮紙、木の板など、さまざまなものが文字を記すために使われていました。中国では、絹織《きぬおり》物《もの》や、木や竹を短冊《たんざく》のようにした木簡《もっかん》や竹簡というものがありました。しかし、絹は高価《こうか》で、木簡や竹簡はかさばるなど、使い勝手が悪いものでした。

現在《げんざい》、世界最古《さいこ》の紙は中国で出土したもので、紀元《きげん》前一五〇年ごろのものだといわれています。これは麻《あさ》という植物のせんいをほぐし、すくい上げてうすく広げて作られたものでした。

それより前の時代にも、古代エジプトでは英語《えいご》のペーパー（paper）という言葉のもとにもなった、パピルスが使われていました。しかし、パピルスは植物をうすくそいで、直角に交差《こうさ》させてからたたいて接着《せっちゃく》して作られるので、現在の紙とは少しちがっていて、紙の前身というべきものです。

パピルスに書かれた文字
（オーストリア　1965年発行切手）

2節《せつ》　古代〜中世の通信《つうしん》（世界編《へん》）

人間の社会がどんどん発展《はってん》し、住む場所が広がっていくと国ができあがります。その国をうまく治《おさ》めるためには、法律《ほうりつ》や決まりが必要《ひつよう》となります。

政治《せいじ》が行われる場所（中央）で定められた法律や決まりは、国のすみずみ（地方）に知らせなければなりません。ぎゃくに、地方がどんな状態《じょうたい》なのかを、中央に知らせる場合もあるでしょう。そこで、中央と地方の間で連絡《れんらく》をとり合うために、通信が必要になってきます。また、軍事的《ぐんじてき》な連絡をとるためにも、通信はかかせません。

このように、古代の社会の支配者《しはいしゃ》にとって、通信制度《せいど》はとても大切なものでした。国家によって使者を出すのがひんぱんになると、人を決めて使者の役割《やくわり》をさせるようになりました。この専門《せんもん》の使者である「飛脚《ひきゃく》」があらわれたのが、組織的《そしきてき》な通信の始まりです。

飛脚がいつごろ始まったのかは、はっきりとはわかりませんが、紀元《きげん》前二四〇〇年ごろのエジプトでは、すでに飛脚による通信が行われていました。

古代エジプトの通信
（エジプト　1966年発行切手）

手紙を受け取るエジプトのファラオ（王）
（エジプト　1985年発行切手）

リレーで届《とど》ける「駅制《えきせい》」の誕生《たんじょう》

「駅」というと、現代《げんだい》のわたしたちは電車が止まる場所を思いうかべますが、この言葉は電車が発明される前から使われています。先ほど、国の中央と地方とのやりとりのために通信《つうしん》は生まれたといいましたが、その通信のため、中央と地方をつなぐ道には一定の区間ごとにいつも人と馬が準備《じゅんび》されている場所がもうけられました。これが「駅」です。駅にいる人や馬が手紙をリレーのバトンのように送る仕組みのことを「駅制」といい、世界の歴史《れきし》の中で、いろいろな国で行われていました。

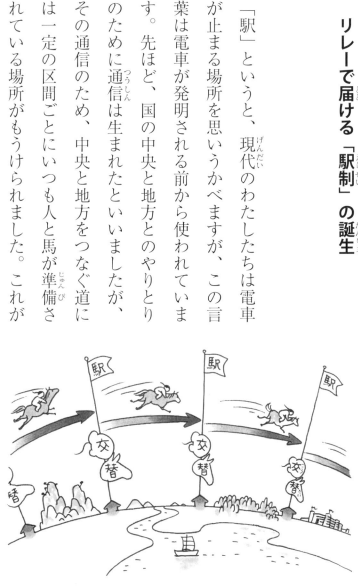

ペルシアの「王の道」

古代ペルシア帝国《ていこく》は紀《き》元《げん》前五五〇年ごろに建国《けんこく》され、最《もっと》もさかえていたころは中央アジアからエジプトまでにおよぶ広い領土《りょうど》を支配《しはい》していました。この国には馬に乗った使者による、「アンガレイオン」という駅制がありました。紀元前五世紀には、「王の道」とよばれる、全長が二六〇〇キロメートルを超《こ》える長さの道が造《つく》られていて、その道のりをわずか七日間でつないで手紙を届《とど》けたそうです。これは普通《ふつう》の旅行者では三か月もかかったという距離《きょり》なので、それより一〇倍以上《いじょう》も速かったことになります。

ペルシア帝国の騎馬飛脚《きばひきゃく》
（イラン　1970年発行切手）

ローマの駅制《えきせい》「クルスス・プブリクス」

ペルシアの駅制はギリシャ文明を通じてローマにも伝《つた》わりました。それがローマ帝国《ていこく》の駅制「クルスス・プブリクス」です。ローマ帝国とは紀元《きげん》前八世紀ごろから四七六年まで、地中海沿岸《えんがん》地方を中心にさかえた古代国家で、ヨーロッパの文化のもとをきずいた国です。

クルスス・プブリクスは紀元前一世紀の後半、オクタヴィアヌスというローマ帝国最初《さいしょ》の皇帝《こうてい》の時代に始まったといわれています。これは一定の区間ごとに馬や馬車をそなえた駅を置《お》く制度《せいど》で、駅で馬や馬車を乗りかえることで、使者が一人ですべての道のりを行くことができました。この制度を使うことができるのは基本的《きほんてき》に国のための公的な通信《つうしん》にかぎられていて、個人《こじん》的な通信に使うには皇帝の許可《きょか》が必要《ひつよう》になりました。

クルスス・プブリクスと切っても切りはなせないものが、ローマ街道《かいどう》とよばれる、有名な古代の道路です。最《もっと》もさかえた時期のローマ帝国は、イギリスから地中海全体におよぶとても広い領土《りょうど》を持っていました。それをうまく治《おさ》めるために、国土のすみずみまで広がる道路の建設《けんせつ》が行われました。このローマ街道のおかげで帝国の通信はスムーズに行われました。

もちろん、ローマ街道が造《つく》られる前にも道はありましたが、軍隊《ぐんたい》がすばやく移動《いどう》できるように、道路の表面に石をしきつめたのはこの街道が最初でした。この街道の標《ひょう》準《じゅん》的な道ははば四メートルあり、二台の馬車がすれちがうことができる立派《りっぱ》な道路で

ローマ帝国の郵便《ゆうびん》馬車（スペイン　1983年発行切手）

した。さらに、道の両わきにはは三メートルの歩道がありました。また、谷や山、岩場などがあってもそれをさけるのではなく、橋やトンネル、切《※き》り通《どお》しを造《つく》ることで、できるかぎり道が直線になるように建設《けんせつ》されました。

ローマのすべての道路を足すと、地球を二周《しゅう》する以上《いじょう》の長さの約《やく》八万六〇〇〇キロメートルにも達《たっ》していたともいわれています。

ローマ街道《かいどう》は一般《いっぱん》の市民でも利用《りよう》することができたため、市民《しみん》の生活に大きな影響《えいきょう》をあたえました。

※山や丘《おか》を切り開いて通した道。

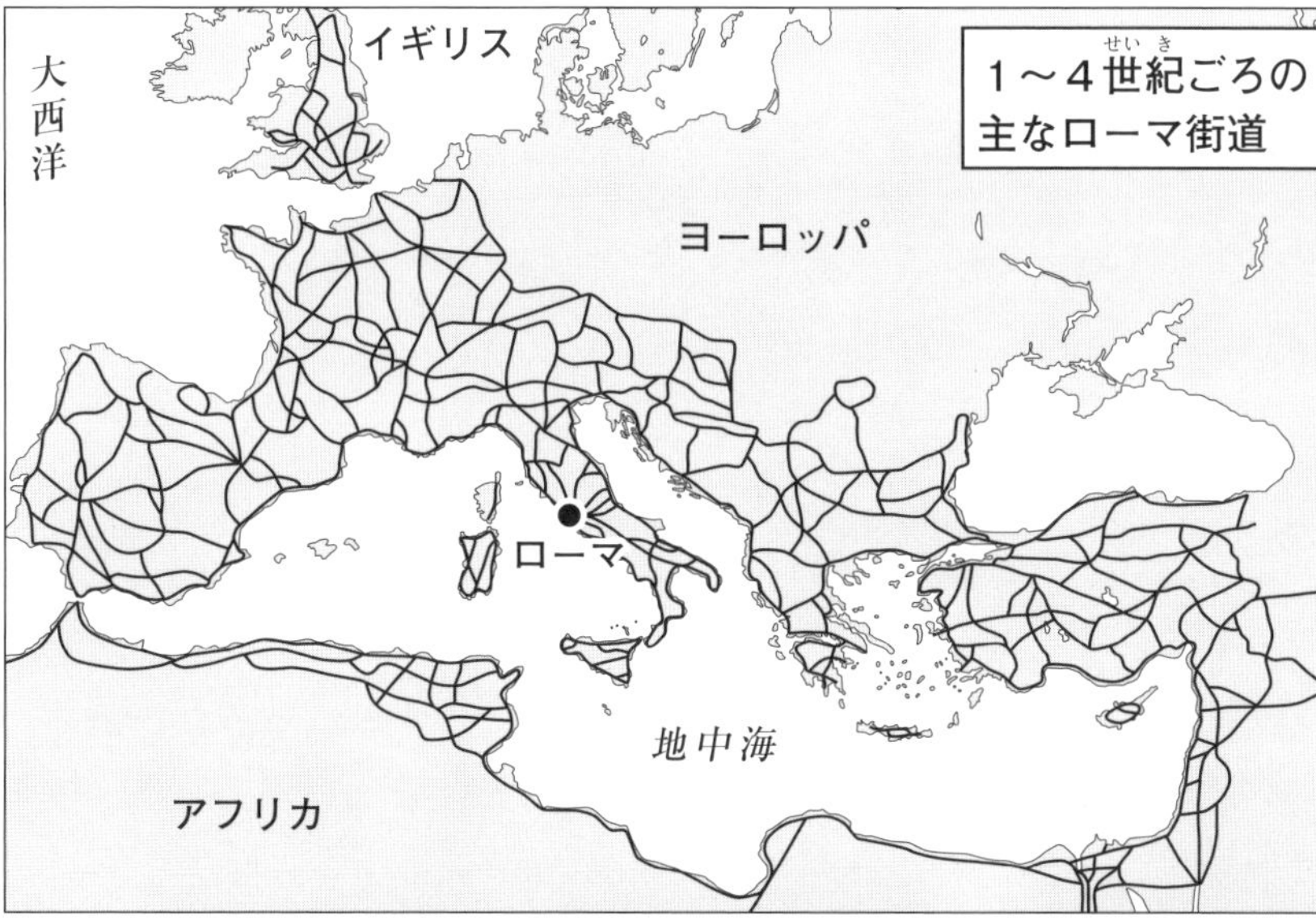

現在《げんざい》ものこるローマ街道のひとつ、アッピア街道の風景《ふうけい》（イタリア）

中国の駅制《えきせい》

中国での駅制は紀元前六世紀末《きげんまつ》ごろにつくられて、紀元前二二一年に中国を統一《とういつ》した秦《しん》という国で発達《はったつ》しました。「厩律《うまやりつ》」という法律《ほうりつ》でまとめられ、国全体に通信《つうしん》ネットワークがつくられました。

この制度では、主要《しゅよう》な道にそって三〇里（約《やく》一二キロメートル）の距離《きょり》ごとに「駅」がもうけられ、馬が用意されました。集落ごとに「郵《ゆう》」（中継《ちゅうけい》をするための宿場）や「亭《てい》」（一般《いっぱん》の旅人も使える宿泊所《しゅくはくしょ》）が置《お》かれ、役人が国を治《おさ》めるための公文書が運ばれました。

また、県の役所がある場所には「伝《でん》」という施設《しせつ》ももうけられ、馬車がそなえられ、公用の使者や役人の移動《いどう》に使われました。駅は重大で急ぎの連絡《れんらく》を伝《つた》えるための通信機関《つうしんきかん》で、伝は公用の交通機関として利用《りよう》されました。

ちなみに「郵」の字は、いくつかの漢字の形と意味を組み合わせて作られた漢字です。左側《ひだりがわ》のへんの部分は、遠くはなれた土地や特定《とくてい》の場所をしめします。右側のつくりの部分はすわってくつろぐ人という意味です。この二つから、文書を遠くはなれた場所に伝達《でんたつ》するための宿場を意味する「郵」ができたと考えられています。

中国の駅制は七世紀ごろに日本にも伝わりました。

2～4世紀ごろの中国の駅制の様子
（中国　1982年発行切手）

中世ヨーロッパの通信《つうしん》

ヨーロッパでは四世紀《せいき》から八世紀ごろにかけて、歴史を変《か》えた大きな動きがありました。ゲルマン人という民族《みんぞく》がローマ帝国《ていこく》の領土《りょうど》に移動《いどう》してきて、次つぎに自分たちの国を建国《けんこく》したのです。この「民族大移動」は戦争《せんそう》や暴動《ぼうどう》などの大きな混乱《こんらん》を引き起こし、ローマ帝国は東西に分裂《ぶんれつ》して二つの国になりました。クルスス・プブリクスも荒《あ》れはててしまいました。東ローマ帝国では六世紀ごろまで受けつがれていましたが、やがてなくなりました。

こうしてヨーロッパの古代は終わり、中世とよばれる時代が始まりました。この時期には、強大な帝国がなくなったため、国が管理《かんり》する大規模《だいきぼ》で定期的《てき》な通信の制度《せいど》はつくられませんでした。そこで、国を治《おさ》めるためではなく、人びとが自分たちのために利用《りよう》する通信手段《しゅだん》が生まれてきました。

教会の通信

そうした通信手段の中で最《もっと》も早くから発達《はったつ》したのは、キリスト教の教会による通信です。

中世になると、キリスト教はヨーロッパの多くの国家の中心的な存在《そんざい》になっていました。宗教《しゅうきょう》というわくをこえて、学問や建築《けんちく》、芸術《げいじゅつ》など、さまざまな分野で、キリスト教の文化がさきほこりました。

そうした中、各地《かくち》に多くの教会が建《た》てられると、やがて教会間でたがいに連絡《れんらく》をとることが必要《ひつよう》になります。そのため、僧侶《そうりょ》自らが行う飛脚《ひきゃく》の制度が生み出されました。

教会間で手紙を届《とど》ける様子
（スペイン　1985年発行切手）

郵便配達《ゆうびんはいたつ》をする僧侶《そうりょ》
（ルワンダ　1974年発行切手）

大学飛脚《ひきゃく》

次にあらわれたのが大学飛脚です。一二世紀《せいき》から一三世紀にかけて、ヨーロッパの各地《かくち》に多くの大学がつくられました。その中には、フランスのパリ大学や南フランスのモンペリエ大学、イタリアのサレルノ大学やボローニャ大学など、現在《げんざい》ものこっている有名な大学があります。

これらの大学にはヨーロッパのさまざまな国ぐにから学生が入学していました。そのため、大学がある町と学生の故郷《こきょう》をつなぐ通信《つうしん》がつくられました。元気でやっていることを親に伝《つた》える手紙や、足りなくなったお金をねだる手紙などが送られていたようです。

大学飛脚は税金《ぜいきん》をはらわなくてもよいなど、国からさまざまな特別《とくべつ》の権利《けんり》をあたえられたために広く発達し、一般《いっぱん》の人びとも利用《りよう》できるようになりました。

一般《いっぱん》の人が自由に使えた「都市の飛脚《ひきゃく》」

ここまで見てきた通信制度《つうしんせいど》は、基本的《きほんてき》には僧侶《そうりょ》や学生、貴族《きぞく》など、身分の高い人びとがそのグループの中だけで利用《りよう》するもので、一般の人が使うのはそのついでのようなあつかいでした。

しかし、中世半ばの一四世紀《せいき》から一五世紀くらいになると、一般の人も自由に利用できる通信制度を求《もと》める声が多くなり、それに応《おう》じて「都市の飛脚」制度がつくられるようになりました。

その背景《はいけい》には、商業がさかえ、各地《かくち》に都市ができることで、一般の人の力が強くなってきたことがあります。

中世の郵便配達人《ゆうびんはいたつにん》
（オーストリア　1967年発行切手）

肉といっしょに手紙を運ぶ肉屋郵便

「肉屋郵便」とは変《か》わった名前ですが、これもヨーロッパの「都市の飛脚」のひとつです。

この時代の商人たちはそれぞれ仕事の分野ごとに、独自《どくじ》の通信ネットワークを持っていました。中でも肉屋の通信は特《とく》に発達していました。

当時はもちろん冷蔵庫《れいぞうこ》などはなかったので、新鮮《しんせん》な肉を届《とど》けるためには、いかに早く目的地《もくてきち》に到着《とうちゃく》するかが決

め手です。そのため肉屋はスピードの速い馬車や馬などを利用《りよう》していたのです。

やがて、ドイツのある地方で肉屋が肉を配達《はいたつ》するついでに、手紙や小包《こづつみ》などもいっしょに届《とど》けるようになりました。肉屋のネットワークを使えば、かなり広い範囲《はんい》にまで郵便《ゆうびん》を配達することができたそうです。この郵便は一般《いっぱん》の人も自由に利用できたのが特徴《とくちょう》で、手紙の配達が肉屋組合の義務《ぎむ》になっていた地域《ちいき》もあったそうです。

ホルンがえがかれたスウェーデンのポスト

また、肉屋郵便ではホルンが郵便ラッパとして用いられ、到着《とうちゃく》したときに手に持っているラッパをふき鳴らして合図を送りました。肉屋郵便はかなり広い地域で使われていたので、現代《げんだい》でもこの郵便ラッパを郵便のシンボルとしている国があります。

大切な手紙を守る「封《ふう》ろう」

現在《げんざい》、手紙を封筒《ふうとう》に入れて封をした後、ふたの部分に〆と書いたりシールをはったり、はんこをおしたりします。これを「封緘《ふうかん》」といい、中身が出ないようにするとともに、もうひとつ目的《もくてき》があります。手紙が届《とど》く前にだれかに開けられていないことを証明《しょうめい》することです。これは中世ヨーロッパの手紙で行われていた「封ろう」のなごりです。

中世ヨーロッパを舞台《ぶたい》にした映画《えいが》などで、手紙の封をするのに「ろう」を使っているのを見たことはないでしょうか。

封緘

封《ふう》ろう、またはシーリングスタンプとよばれるそれは、手紙の封をするのに使われていました。溶《と》かしたろうを封筒《ふうとう》のふたの部分にたらし、冷《さ》めないうちに上からはんこでおさえつけます。このはんこには手紙の差出人《さしだしにん》の名や、一族のシンボルがきざまれていて、ついた型《かた》が差出人を証明《しょうめい》するあかしにもなります。封ろうは封筒を開けるとバラバラにくだけてしまうので、受取人の前にだれかが開けるとすぐにわかるという仕組みです。

実は、封ろうそのものの起源《きげん》は今から五〇〇〇年ほど前にさかえた、最《もっと》も古い文明のひとつ、シュメール文明にまでさかのぼります。当時は紙はまだ発明されていません（22ページ参照《さんしょう》）。ろうではなくねん土の玉を用いており、封泥《ふうでい》とよばれていました。封泥は紙が広く使われるようになってなくなりました。

3節《せつ》　古代～近世の通信《つうしん》（日本編《へん》）

大化の改新《かいしん》と駅伝制《えきでんせい》

ここまでは古代から中世の中国やヨーロッパの通信と郵便《ゆうびん》の制度を紹介《しょうかい》してきました。一方、日本ではどうだったのでしょうか。

日本ではじめて国が運営《うんえい》する通信制度が生まれたのは、六四五年から始まった大化の改新という、天皇《てんのう》を中心とした国づくりをめざした改革《かいかく》の中でした。その後、大宝律令《たいほうりつりょう》という法律《ほうりつ》の中で制度が整えられていきました。

それは「駅伝制」とよばれる通信制度で、ほかの国と同じように、中央と地方で情報《じょうほう》をやりとりするためにつくられました。32ページで紹介した中国の駅制が基本《きほん》となっていて、ほかの制度とともに伝《つた》わりました。

この制度では北海道をのぞいた全国を畿内《きない》（都とその周辺《しゅうへん》）と七つの地域《ちいき》に分け、都からのびる七つの主な道路に、三〇里（この時代は約《やく》一六キロメートル）ごとに駅をもうけ、人と馬を用意しました。

特定《とくてい》の使者がひとりで最終目的地《さいしゅうもくてきち》まで行く専使《せんし》方式と、文書を駅ごとに何人かでリレーして送っていく逓送《ていそう》方式がありました。八世紀《せいき》ごろは逓送方式が多くなり、専使は文書について使者本人の口から説明《せつめい》することが必要《ひつよう》な場合などに行われていました。しかし、奈良《なら》時代末期《まっき》から平安時代初期《しょき》にかけて、律令によって運営される国家がおとろえていくとともに、逓送方式はなくなってしまいます。

中央と地方をむすんで文書を運ぶ配達人《はいたつにん》は「駅使《えきし》」とよばれました。駅使は使者であることのあかしとして駅鈴《えきれい》という鈴《すず》を持っていて、駅で馬を自由に使ったり、食事をとったり、宿泊《しゅくはく》したりすることができました。駅鈴は駅使の地位《ちい》、身分や任務《にんむ》に合わせて、細かい種類《しゅるい》にわかれていました。

駅使はこの鈴《すず》を鳴らしながら通行し、駅ではその音を聞いて人馬の準《じゅん》備《び》をしたそうです。駅鈴《えきれい》は天皇《てんのう》からさずけられ、その権威《けんい》をあらわすものとしてとても大切にあつかわれました。管理《かんり》もきびしくて、駅使が仕事を終えて都に帰ると、二日以内《いない》に駅鈴を返却《へんきゃく》しなければなりませんでした。返却が一日おくれるごとにむち打ち五〇回の刑《けい》、一〇日おくれると監《かん》獄《ごく》に入れられてしまったほどでした。

現代《げんだい》の日本の駅伝《えきでん》は、数名の選手《せんしゅ》がチームをつくり、長距離《ちょうきょり》をリレー

天皇の権威の象徴《しょうちょう》だった駅鈴

形式で走る陸上競技《りくじょうきょうぎ》です。区間を走り終えるごとに前の走者から受けついだたすきを次の走者にたくす、日本で生まれて独自《どくじ》に発展《はってん》した競技です。たすきを手紙や公文書に置《お》きかえれば、通信制度《つうしんせいど》の駅伝とほぼ同じ仕組みといえます。

ちなみに駅伝という競技名は、一九一七年、神宮皇學館《こうがくかん》（現在《げんざい》の皇學館大学）の館長の武田千代三郎《たけだちよさぶろう》が、この駅伝制度から名づけました。それまでは、マラソン・リレーとよばれていたそうです。

大宰府《だざいふ》あての文書を箱に入れて封《ふう》をする役人「日本交通図絵」

平安時代の手紙の文化

駅伝制《えきでんせい》を日本に伝《つた》えたのは、中国のすぐれた文化を取り入れるために六三〇年から始まった遣唐使《けんとうし》という使節《しせつ》でした。遣唐使は日本の文化に大きな影響《えいきょう》をもたらしました。このころの文書や手紙は中国と同じように漢字で書かれていました。

ところが、八九四年に遣唐使が中止されると、日本独自《どくじ》の文化がさかえて、ひらがなやカタカナを用いた

仮名《かな》文字が広く使われるようになりました。一〇〇〇年ごろに成立《せいりつ》した『源《げん》氏《じ》物語』や『枕草子《まくらのそうし》』などの文学からは、貴族《きぞく》たちの文化が花開いたことが読み取れます。

『源氏物語』には、和歌をそえた恋文《こいぶみ》を中心に多くの手紙が登場します。当時の手紙には、さまざまな工夫《くふう》がこらされていました。内容《ないよう》に合わせて紙の種類《しゅるい》や紙の色をえらび、香《こう》をたきしめ、季節《きせつ》に合わせて「折《お》り枝《えだ》」という植物をむすびつけました。貴族たちにとって手紙は、自分の教養《きょうよう》とセンスをアピールするとても大切な手段《しゅだん》でした。

このころは個人的《こじんてき》な手紙を届《とど》けるための制度はまだなかったので、貴族たちは「文使《ふみづか》い」という家来に手紙をたくしていました。

鎌倉《かまくら》時代から安土桃山《あづちももやま》時代の飛脚《ひきゃく》

平安時代後半には、貴族《きぞく》を中心とする政治《せいじ》がおとろえて、武士《ぶし》が力をましてきます。律令《りつりょう》にもとづく駅伝制《えきでんせい》もしだいにすたれてしまいましたが、鎌倉時代になると、国による通信《つうしん》がよみがえります。

一一九二年に源頼朝《みなもとのよりとも》によって鎌倉幕府《ばくふ》が開かれると、武士の時代がおとずれ、武士の政治《せいじ》の中心は今の神奈川《かながわ》県の鎌倉に移《うつ》されました。しかし、天皇《てんのう》の住まいがあり、それまでは日本の中心だった京都もまだまだ大きな力を持っていました。

そのため、京都と鎌倉の間で連絡《れんらく》をとり合うことが重要《じゅうよう》になり、新たに飛脚制度がつくられました。この飛脚は京都の六波羅《ろくはら》という場所に手紙を届《とど》けていたので「六波羅飛脚」または「鎌倉飛脚」とよばれていました。

そのころになると「駅」はなくなってしまい、代わりに、商業の発達《はったつ》にともなって生まれた「宿《しゅく》」が同じ役割《やくわり》をはたしました。この飛脚制度も鎌倉幕府の終わりとともになくなりましたが、室町《むろまち》時代には京都御所《ごしょ》と鎌倉府をむすぶ「関東《かんとう》飛脚」という制度がもうけられました。

その後、一四六七年に応仁《おうにん》の乱《らん》という大きな戦乱《せんらん》が京都で起きて、室町幕府の力が弱くなると、守護《しゅご》大名という地方の有力者の力が強くなりました。こうして戦国時代に入ると、守護大名

室町時代の飛脚。馬に乗り、首から文書のふくろを下げています

「早馬の図」

がそれぞれの領土《りょうど》の重要《じゅうよう》な地点に※関所《せきしょ》をもうけて、人の出入りを制限《せいげん》しました。そのため、国と国をまたぐ通信《つうしん》はむずかしくなりましたが、各《かく》大名の領地《りょうち》の中というかぎられた範囲《はんい》での駅伝制《えきでんせい》は続《つづ》いていました。

安土桃山《あづちももやま》時代、豊臣秀吉《とよとみひでよし》のときに政治《せいじ》の中心が大坂（現在《げんざい》の大阪《おおさか》）に移《うつ》ると飛脚《ひきゃく》制度がふたたび設置《せっち》されましたが、これらの制度は国の公文書を運ぶためのものでした。

※国境《こっきょう》や道などに置《お》かれ、通る人を取りしらべた所。

江戸《えど》時代の飛脚制度

豊臣秀吉による全国統一《とういつ》をへて、一六〇三年には徳川家康《とくがわいえやす》が江戸幕府《ばくふ》を開き、江戸時代が始まります。幕府は全国の支配《しはい》のために通信制度を整えました。それまでは京都または大坂中心であった交通を江戸中心のものに変《か》えて、全国的《ぜんこくてき》に発展《はってん》させました。江戸（現在の東京）・日本橋《にほんばし》をスタート地点とする、五つの街道《かいどう》（東海道《とうかいどう》、中山道《なかせんどう》、日光街道、奥州《おうしゅう》街道、甲州《こうしゅう》街道）が整備《せいび》されました。

そして交通網《もう》とともに、飛脚による通信制度も整えられました。

江戸《えど》時代の飛脚《ひきゃく》は大きく分けて、継《つぎ》飛脚、大名飛脚、町飛脚の三種類《しゅるい》がありました。

継飛脚

継飛脚は幕府《ばくふ》が直接運営《ちょくせつうんえい》していた飛脚で、主に重要《じゅうよう》な公用文書を運ぶのに使われていました。老中《ろうじゅう》、京都所司代《しょしだい》、大坂城代《じょうだい》、駿府《すんぷ》城代、勘定奉行《かんじょうぶぎょう》、道中奉行といった、重要な役《やく》職《しょく》の役人が使っていました。

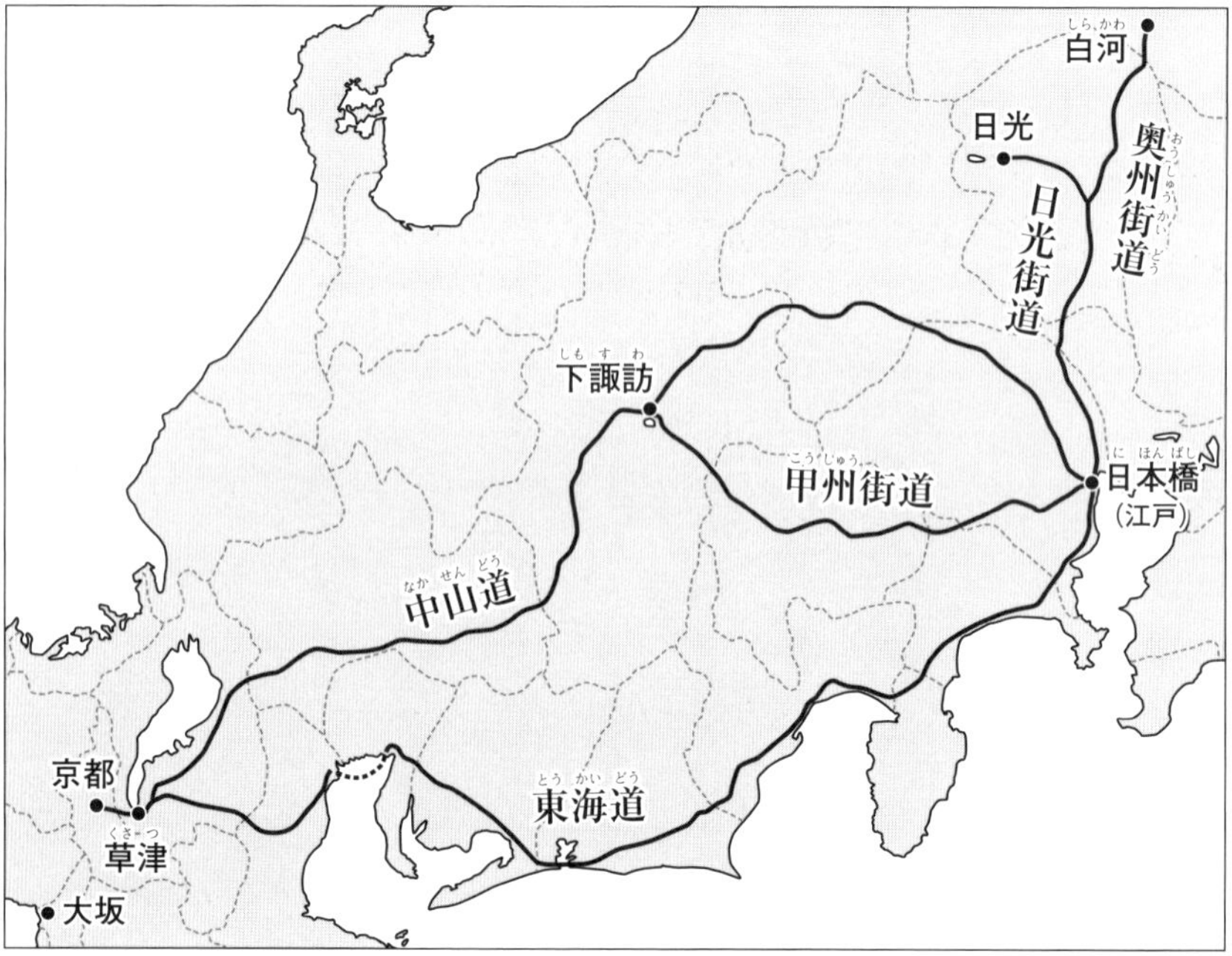

五街道の地図

二人組で走る継飛脚

「冨士百撰　暁ノ不二」葛飾北斎 画

公用文書を入れた「御状《ごじょう》箱《ばこ》」をかついで、「御用」と書かれた札《ふだ》を持って、主に二人一組で宿駅《しゅくえき》ごとにリレーのように引きつぎながら運びました。

この「御状箱」の通行は何よりも優先《ゆうせん》されました。江戸時代には大雨などで川の水かさがふえると、あらゆる交通がストップしてしまう「川止め」がしばしばありました。これに出くわしたときも、継飛脚は水かさが下がってくると真っ先に川をわたることが許《ゆる》されていました。特《とく》に、将軍《しょうぐん》の手紙を運んでいるときは、大名行列でさえも道を空けたほどでした。

また、継飛脚《つぎびきゃく》は公文書のほかにも、将軍《しょうぐん》に差《さ》し上げるための鮎《あゆ》ずしやお茶など、めずらしく貴重《きちょう》な品を運ぶのにも使われたそうです。

大名飛脚

江戸《えど》時代には、参勤《さんきん》交代という制度《せいど》によって、大名は領地《りょうち》である藩《はん》と江戸を原則《げんそく》として一年おきに往復《おうふく》して生活していました。そのため、江戸にある屋敷《やしき》と自分の藩とで、ひんぱんに連絡《れんらく》をとり合う必要《ひつよう》がありました。そこで生まれたのが「大名飛脚」です。

中でも、尾張徳川《おわりとくがわ》家（愛知県名古屋市周辺《あいちけんなごやししゅうへん》）や紀州《きしゅう》徳川家（和歌山《わかやま》県と三重《みえ》県南部）、松江松平《まつえまつだいら》家（島根県松江《しまねけんまつえ》市周辺）などの有力な大名は、専用《せんよう》の飛脚を持っていました。七里（当時の一里は約《やく》三・九キロメートル）ごとに次の飛脚に交代するための小屋をもうけたことから「七里飛脚」という名前でもよばれていました。これは国と江戸の間だけではなく、京都や大坂などの※1蔵屋敷《くら》との連絡や自分の領地の中での通信《つうしん》にも使われました。

大名飛脚の運営《うんえい》には多くのお金が必要で、大名にとって大きな負担《ふたん》でもあったそうです。このように、参勤交代という制度には、お金と手間を使わせることで大名の力を弱らせて、幕府《ばくふ》に歯向かうのをふせぐというねらいがありました。しかし、そのおかげで江戸と地方をむすぶ交通が発達《はったつ》したという一面もありました。

町飛脚

一方、江戸時代は商業がさかんになったことを背景《はいけい》に、商人などの民間《みんかん》の人びとが運営する「町飛脚」も生まれました。最初《さいしょ》は大坂城《じょう》の警備《けいび》のために江戸から赴任《ふにん》してきた※2旗本《はたもと》が、身分が低《ひく》い者を飛脚に仕立てて、のこしてき

※1　大名が江戸や大坂に建《た》てた倉庫のある屋敷。
※2　将軍《しょうぐん》に直接《ちょくせつ》仕えた身分の高い武士《ぶし》。

た家族と連絡《れんらく》をとったのが始まりでした。その後、大坂や京都の商人が江戸《えど》に進出してきて、旗本《はたもと》たちの手紙の配達《はいたつ》を引き受けるとともに、民間《みんかん》の手紙も届《とど》けるようになり、発展《はってん》していきました。

町飛脚《びきゃく》は江戸・京都・大坂の三都市の間と、三都市と各《かく》都市とを、幕府《ばくふ》の許可《きょか》を得《え》て行き来したことに始まりました。毎月三度の出発だったので「三度飛脚」の名でよばれ、さらに公用

都市部で手紙を届けた市中飛脚（図の左）

「江戸名所　寿留賀町」初代広重 画

文書も取りあつかうようになり、定飛脚問屋《じょうびきゃくといや》と名乗ることを許《ゆる》されました。

市中飛脚とは、江戸や大坂などの大都市において市中とそのまわりという、かぎられた区域《くいき》で配達していた町飛脚です。料金《りょうきん》が安かったので武士《ぶし》も町人も気楽に利用《りよう》していました。一般《いっぱん》の人にとってはいちばん身近な飛脚でした。

状箱《じょうばこ》のかつぎ棒《ぼう》の前のほうに鈴《すず》をたらしていて、声をかけずに鈴の音で来たことをまわりに知らせたため、「ちりんちりんの町飛脚」ともよばれました。

飛脚《ひきゃく》のスピード

江戸《えど》時代の飛脚はどのくらいのスピードで手紙を届《とど》けていたのでしょうか。時代によってさまざまですが、やはり速かったのは幕府《ばくふ》が直接運営《ちょくせつうんえい》していた継《つぎ》飛脚でした。一七六三年には江戸―京都間の約《やく》五〇〇キロメートルを七日間、最《もっと》も速い便《びん》では五日間で運んだという記録《きろく》がのこっています。

また、月に三回、江戸と大坂を行き来していた町飛脚は、六日間で届けたことから「定六《じょうろく》」ともよばれていました。一六一五年の記録によれば「毎月三回、八の日に東海道《とうかいどう》を往復《おうふく》する」とあります。

現在《げんざい》の名古屋《なごや》にあった尾張徳川《おわりとくがわ》家の七里飛脚は、届けるものの内容《ないよう》によって早さがちがいました。名古屋と東京との距離《きょり》は約三〇〇キロメートルです。通常《つうじょう》は五日で、早めは四日で、最速《さいそく》はなんと約《やく》二日という短い時間で届けたそうです。

ちなみにふつうの人が旅をすると、江戸ー京都で、一五日間ほどかかったそうです。さらに観光《かんこう》をしながらだと、三〇日もかかることもありました。くらべれば、飛脚がいかに速かったかがわかります。

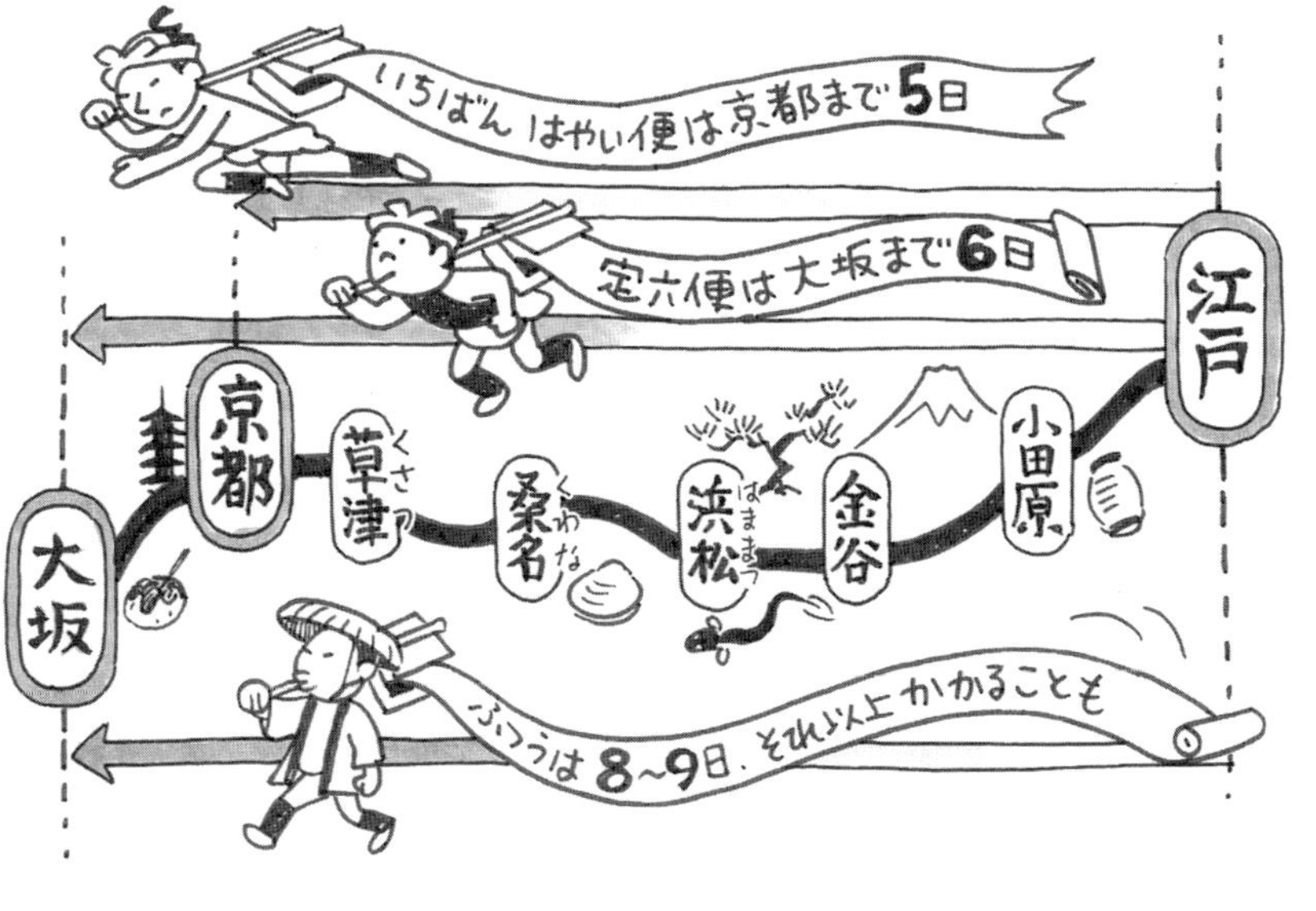

宿場町《しゅくば》の発達《はったつ》

一六〇一年、東海道《とうかいどう》を出発点として五街道《かいどう》ぞいに宿駅《しゅくえき》の設置《せっち》が始まりました。宿駅は計画的《てき》に造《つく》られ、外観《がいかん》も整えられていました。中心には問屋場《といやば》という人や馬が交替《こうたい》するための宿場があり、役人や大名が泊《と》まる本陣《ほんじん》や一般《いっぱん》の人が泊まる旅籠《はたご》や商店が集まりました。その外側《そとがわ》に茶屋や木賃宿《きちんやど》（食事なしの安い宿屋）がならびました。

こうして、交通の要《かなめ》となる宿駅を中心にして宿場町が発達していきました。宿場町の中には地方の中心地となっていたところも多くありました。

後年、明治維新《めいじいしん》（80ページ参照《さんしょう》）の後、宿駅という制度《せいど》はなくなったため、さびれてしまった町もありましたが、鉄道の沿線《えんせん》などにある町は現在《げんざい》でもにぎわい、当時を思い出させる町なみがのこっている場所もあります。

また、五街道は、明治時代に入ると新政府《せいふ》によって国道に指定され、現在でも重要《じゅうよう》な道路として受けつがれています。東海道は国道1号に、中山道《なかせんどう》は国道17号や18号といった七本の国道に、日光《にっこう》街道は国道4号と119号に分かれています。奥州《おうしゅう》街道は国道4号、甲州《こうしゅう》街道は国道20号になっています。

宿場町の様子

「東海道五十三次　鳴海」初代広重 画

道路標識《ひょうしき》にのこる街道の名前

第2章

近代郵《ゆう》便《びん》の誕《たん》生《じょう》と発《はっ》展《てん》

1節《せつ》　近代的《てき》な郵便《ゆうびん》の誕生《たんじょう》

国際《こくさい》的だったタクシス郵便

通信《つうしん》が始まってから長い時間をへて、近代的な郵便への道は開けました。近代的な郵便の基本となったもののひとつに「タクシス郵便」があります。

これまで見てきたように、中世のヨーロッパでは、教会や大学、肉屋など、特別《とくべつ》な身分の人びとや業界※が、それぞれの方法《ほうほう》で通信を行っていました。これらをひとつにして、一般《いっぱん》の人でも利用《りよう》できる国際的な郵便制度《せいど》をつくったのが、イタリアの貴族《きぞく》であるタクシス家です。

タクシス家の郵便は、一四八九年にハプスブルク家出身の神聖《しんせい》ローマ皇帝《こうてい》マクシミリアン一世の郵便物を引き受けたことから始まりました。神聖ローマ帝国は、今のドイツにあった国です。ハプスブルク家はドイツの王族で、子孫《しそん》をさまざまな国ぐにの王家と結婚《けっこん》させて勢力《せいりょく》を広げていき、ヨーロッパ全体に大きな影響《えいきょう》をあたえたことで知られています。

タクシス郵便は一五一六年には皇帝にみとめられて、大規模《だいきぼ》に運営《うんえい》されるようになります。ハプスブルク家がさかえるのと足なみをそろえるようにして拡大《かくだい》し、最盛期《さいせいき》にはかつてのローマ帝国のクルスス・プブリクスのようにヨーロッパ全体に広がりました。

しかし、一九世紀ごろから各国《かっこく》で郵便事業を国営化する動きが出てきて、タクシス家は次つぎと通信ネットワークを手放しました。そして一八六七年に、プロシア政府《せいふ》（現在《げんざい》のドイツ）が買い上げたことによって、約《やく》三五〇年という長い歴史《れきし》を終えました。

※同じ仕事をしている人びとの社会。

タクシスと郵便を運ぶ騎士《きし》
（チュニジア　1956年発行切手）

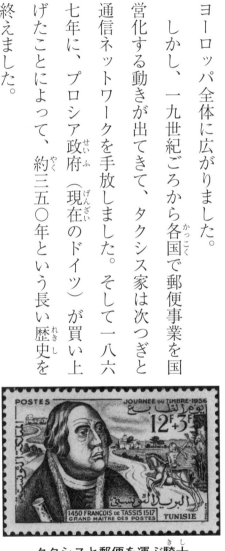

近代郵便《ゆうびん》がイギリスで誕生《たんじょう》

世界で最初《さいしょ》に郵便を近代化した国はイギリスでした。イギリスでは一七世《せい》紀《き》にはすでに国が郵便を運営《うんえい》していて、一般《いっぱん》の人でも利用《りよう》できるようになっていました。しかし、この制度《せいど》はとても使いにくいものでした。

まず、国の収入《しゅうにゅう》をふやすことを目的《もくてき》としていたため、郵便料金《りょうきん》はふつうの人びとにとってはとても高かったうえ、値上《ねあ》げが何度も行われました。その一方で、国会議員《ぎいん》や位《くらい》の高い役人といった人びとは郵便を無料《むりょう》で使えるという不公平《ふこうへい》なものでした。

また、当時は郵便料金をはらうのは、差出人《さしだしにん》ではなく受取人でした。そのため、配達人《はいたつにん》が集金も行う必要《ひつよう》があり、受取人が高額《こうがく》なお金をはらえなかったり、家にいなかったりすると、配達にとても手間がかかりました。

そのうえ、この仕組みを悪用する人びともいました。まず、差出人と受取人の間で「ある記号が手紙のあて名に記してあれば、元気でやっている証《しょう》拠《こ》」などと、あらかじめ決めておきます。受取人は郵便が届《とど》いたときにあて名の記号を見てメッセージは読み取りつつ、受け取りはことわって料金をはらわずにすませたのです。

一九世紀にこうした状況《じょうきょう》を見直して、イギリス国民のだれもが平等に安く郵便を利用できるようにしたのがローランド・ヒル（一七九五〜一八七九年）です。

ローランド・ヒルはキッダーミンスターという町に生まれ、父親の経営《けいえい》する学校の先生をしていました。数学と統計学《とうけいがく》がとくいだった彼《かれ》は、イギリスの税金《ぜいきん》の制度を

ローランド・ヒル
（トーゴ　1979年発行切手）

研究したときに郵便料金《ゆうびんりょうきん》がとても高いことに気がつき、改革《かいかく》に乗り出します。

ヒルが提案《ていあん》したさまざまな改革はイギリス議会《ぎかい》に提出《ていしゅつ》され、一八四〇年から新しい郵便制度《せいど》が実施《じっし》されることになりました。

そのひとつが郵便料金の大はばな引き下げです。それまでは配達《はいたつ》する距離《きょり》が長くなるとどんどん金額《きんがく》が高くなっていました。ヒルは手紙の重さごとに料金を決めて、同じ重さの手紙なら、どこに送っても同じ金額になる仕組みを取り入れました。また、今では当たり前になっている、郵便切手という仕組みも取り入れました。差出人《さしだしにん》が郵便切手を買って料金を前ばらいすることで、配達の手間を大はばにへらしました。

近代的《てき》な郵便制度は、当時の国民にとても歓迎《かんげい》され、商業や文化の発展《はってん》にも大きな役割《やくわり》をはたしました。アメリカ、フランス、ドイツなど、多くの国がこの制度をあいついで取り入れました。ローランド・ヒルは尊敬《そんけい》をこめて「近代郵便の父」とよばれています。

世界最初《さいしょ》の切手

世界最初の切手は一八四〇年五月六日、イギリスで発行されました。この切手はその金額と色にちなんで「ペニー・ブラック」「ペンス・ブルー」とよばれています。えがかれているのは当時のイギリス女王だった、ヴィクトリア女王の横顔です。

この切手には国名が入っていません。これは、イギリスが世界で最初に切手を発行した国だったので、当時は国名をしめす必要《ひつよう》がなかったからです。現在《げんざい》、どこの国の切手にも国名を表示《ひょうじ》することが義務《ぎむ》づけられています。ところが、現在にいたるまでイギリスの切手には伝統《でんとう》として国名が入っていません。現在のイギリスの切手には、国名の代わりに現君主であるエリザベス女王の肖像《しょうぞう》画《が》が入っています。

世界最初《さいしょ》の切手　ペニー・ブラック
（イギリス　1840年発行切手）

世界最初の切手　ペンス・ブルー
（イギリス　1840年発行切手）

現代《げんだい》のイギリスの切手

ペンス・ブルーとマルタ十字
（サモア独立《どくりつ》国　1979年発行切手）

一度使われた切手が再《さい》使用されることをふせぐための消《けし》印《いん》もヒルが考えつきました。世界初《はつ》の消印は「マルタ十字印」とよばれるものでした。これはマルタ騎士団《きしだん》（ヨハネ騎士修道会《しゅうどうかい》）のシンボルマークをもとにしたものといわれています。

世界最初《さいしょ》の郵便《ゆうびん》ポスト

世界最初の郵便ポストも、イギリスで生まれました。ロンドンでは一八五四年まで、手紙を集めるのに「ベル・マン」とよばれる人が町中をベルを鳴らしながら歩きました。郵便配達員《はいたついん》が来るのを待って手紙を手わたす方法《ほうほう》もありましたが、いずれも手間がかかりました。そうした手間をはぶくために、郵便局の窓《まど》やかべに収集用《しゅうしゅうよう》の箱を取りつけるようになったのがポストの始まりです。

ロンドンで最初のポストが設置《せっち》されたのは一八五五年です。まずピカデリーサーカスなどの中心地六か所に置《お》かれ、その便利《べんり》さがわかると、国中どこでも見られるようになりました。

世界最初のはがき

ロンドンのベル・マン
（イギリス　1979年発行切手）

ロンドン最初のポスト
（モルディブ　1979年発行切手）

世界最初のはがきはイギリスではなく、ドイツで考案《こうあん》されました。まず、一八六五年に郵便会議《かいぎ》という会議でドイツの郵政総監《ゆうせいそうかん》ハインリヒ・フォン・シュテファン（一八三一〜一八九七年）が、かんたんな通信《つうしん》に使える新しい方《ほう》法《ほう》としてはがきを提案《ていあん》しました。しかし、他人に読まれないように手紙には封《ふう》ろうをするのが当然《とうぜん》だった当時の人びとにとっては、理解《りかい》できないとして相手にされませんでした。

その後、オーストリアの陸軍《りくぐん》大学教授《きょうじゅ》エマニュエル・ヘルマン（一八三九～一九〇二年）が「封筒《ふうとう》も便せんも使わないただのカードを手紙の代わりにしよう」と主張《しゅちょう》する論文《ろんぶん》を新聞に投稿《とうこう》しました。これがきっかけとなって、世界最初《さいしょ》のはがきが一八六九年にオーストリアで発行されると、その便利《べんり》さが理解《りかい》され、はがきは世界的《てき》に流行しました。現在《げんざい》では当たり前のものとして使われているはがきですが、その誕生《たんじょう》までには意外な歴史《れきし》があったのです。

世界最初のはがき
（オーストリア　1869年発行）

エマニュエル・ヘルマン
（オーストリア　1977年発行切手）

万国郵便連合《ゆうびんれんごう》（ＵＰＵ）ってなんだろう

たとえばフランスに住む友だちに日本からはがきを送ろうとすると、現在（二〇一八年）ではいくらかかると思いますか。答えは航空便《こうくうびん》で送ると七〇円です。国内に送るはがきは六二円なので、「意外に安い」と思う人が多いのではないでしょうか。さらに、船便で送るなら六〇円で、なんと国内よりも安くなります。

これは、日本とフランスが万国郵便連合（ＵＰＵ）という国際組織《こくさいそしき》に参加《さんか》しているおかげです。

かつては、国と国をまたいで手紙をやりとりするには、料金《りょうきん》や郵便物の引き受け条件《じょうけん》がそれぞれの国でちがっていて、とても不便《ふべん》でした。そのため、イギリスで生まれた郵便制度《せいど》を手本として、各国共通《かっこくきょうつう》の制度を定めようという動きが高まります。

一八七四年、ドイツのハインリヒ・フォン・シュテファン（75ページ参《さん》照《しょう》）のよびかけにより一〇月九日にＵＰＵが設立《せつりつ》されました。この組織《そしき》の目《もく》的《てき》は、世界のどの国ともかんたんに通信《つうしん》できるように、各国《かっこく》の郵便《ゆうびん》をよりよいものにして、郵便の国際協力《こくさいきょうりょく》を発展《はってん》させることです。本部事務局《じむきょく》はスイスのベルンにあり、一九四七年には国際連合《れんごう》の専門機関《せんもんきかん》になりました。

加盟《かめい》国の間でやりとりされる郵便物は、差《さ》し出された国がちがっていても、自分の国と同じように取りあつかうことになっていて、さらに別《べつ》の加盟国向けの郵便物であれば、それを自由に通過《つうか》させるようになっています。この仕組みのおかげで、国際郵便は安く便利《べんり》になりました。日本がＵＰＵに加盟したのは、80ページで説明《せつめい》する、近代郵便創業《そうぎょう》からわずか六年後の一八七七年一〇月一日でした。

スイスのベルンにあるＵＰＵの記念碑《きねんひ》

国際郵便の金額《きんがく》

航空便《こうくうびん》					船　便	
重さ		地《ち》　域《いき》			全世界	
		アジア	北中米・オーストラリア・ヨーロッパ・中東	南米・アフリカ		
はがき		全世界あて70円均一《きんいつ》			全世界あて60円均一	
手紙（定形）	25グラムまで	90円	110円	130円	20グラムまで	90円
	50グラムまで	160円	190円	230円		
手紙（定形外）	50グラムまで	220円	260円	300円	50グラムまで	160円
	100グラムまで	330円	400円	480円	100グラムまで	270円
	250グラムまで	510円	670円	860円	250グラムまで	540円
	500グラムまで	780円	1090円	1490円	500グラムまで	1040円
	１キログラムまで	1450円	2060円	2850円	１キログラムまで	1800円
	２キログラムまで	2150円	3410円	4990円	２キログラムまで	2930円

※船便は定形・定形外のあつかいはありません。

2018年９月現在《げんざい》

2節《せつ》　明治維新《めいじいしん》と日本の近代郵便《ゆうびん》

一八七一年に郵便制度《せいど》がスタート

一八六八年に江戸幕府《えどばくふ》が倒《たお》れるといろいろな変化《へんか》がおとずれました。七月に江戸は東京となり、九月には元号が明治になりました。

当時の政府《せいふ》は〝富国強兵《ふこくきょうへい》〟という政策《せいさく》をかかげていました。この言葉の意味は、国をゆたかにして強い軍隊《ぐんたい》を整備《せいび》して、日本を近代的《てき》な国家につくりかえようというものです。そのために政府が中心になって、外国から技術《ぎじゅつ》を学び、造船《ぞうせん》や鉱山《こうざん》などの産業《さんぎょう》が育てられました。

国が大きく変《か》わる流れの中で、交通や通信《つうしん》も整えられました。江戸時代まで続《つづ》いていた飛脚《ひきゃく》は一八七一年四月二〇日に「郵便」という新しい制度として生まれ変わりました。

　この新しい制度は、それまでの飛脚にくらべるといろいろな長所がありました。国が運営《うんえい》するので、信用度《しんようど》が高いこと、到着《とうちゃく》までの日数が短《みじか》くて正確《せいかく》であること、料金《りょうきん》が安くだれでも利用《りよう》しやすいことなどです。

　中でも大きかったのは、切手をはってポストに入れることでいつでも手紙を差《さ》し出せるようになったことです。それまでは飛脚に手紙をたのみたいときは、わざわざあつかっている所まで手紙を持っていく必要《ひつよう》があったからです。

中央で飛脚の荷運び用の行李《こうり》と郵便ポストが対決しています

「開化旧弊興廃くらべ」（部分）一鵬斎芳藤 画

新しい郵便《ゆうびん》では、まず最初《さいしょ》に東京・京都・大阪《おおさか》の都市とそれをむすぶ東海《とうかい》道《どう》の各宿駅《かくしゅくえき》の間で手紙のやりとりが行われました。

郵便制度《せいど》はスピードに加《くわ》えて、信頼性《しんらいせい》でもはるかに勝っていました。[※1]運送員は東京ー大阪間を毎日、郵便物の入った行李《こうり》をかついで徒歩《とほ》によるリレー方式で運びました。東京は午後四時、大阪は午後二時の一日一回、風の日も雨の日も決まった時刻《じこく》にそれぞれの場所から出発しました。当時の東京ー大阪間を運ぶのにかかった時間は七八時間で、三日間と六時間です。

一方、江戸時代の町飛脚《びきゃく》は早飛脚で六日、普通《ふつう》は八日から九日、事情《じじょう》によってはそれ以上《いじょう》かかっていました。出発の時刻は決まっていなかったし、天候《てんこう》に左右されることもありました。そのうえ、いつまでに届《とど》けるという約束《やくそく》もありませんでした。

当時のこよみは[※2]旧暦《きゅうれき》で、[※3]新暦に切りかわったのは明治《めいじ》五年一二月三日で、この日が太陽暦の明治六年一月一日になりました。一二月に入ったと思ったらいきなり正月になったというわけです。郵便が創業《そうぎょう》した三月一日は新暦では四月二〇日にあたるので、この日を郵便創業の日として、一九三四年に逓信《ていしん》記念日《きねんび》が制定《せいてい》されました。この日は現在《げんざい》、郵政《ゆうせい》記念日と名前を変《か》えています。

創業した一八七一年の郵便物の数は約《やく》五六万通でした。ここから、郵便事業は飛躍的《ひやくてき》なスピードで大きくなっていきます。

郵便物の数の移《うつ》り変わり

年　度	引き受け総数《そうすう》
1871	565,934
1872	2,510,656
1873	10,550,902
1874	19,937,423
1875 ※4	12,211,054
	29,979,740
1876	38,088,294
1877	46,934,375
1878	55,489,755
1879	68,522,098
1880	82,776,787
1881	96,416,043
1882	108,664,528
1883	111,609,058
1884	114,343,106
1885 ※5	87,049,872
1886	121,265,456
1887	136,665,274
1888	157,587,028
1889 ※6	47,941,662
	191,932,244
1890	223,233,093
1891	248,359,265
1892	276,901,410
1893	319,740,556
1894	391,104,564
1895	444,302,976
1896	500,800,140
1897	548,078,560
1898	602,428,669
1899	618,057,525
1900	734,146,233

※1　郵便物を長距離《ちょうきょり》運んだ人。
※2　主に月のみちかけをもとに作ったこよみ。
※3　太陽と地球の動きをもとにしたこよみ。
※4　一八七五年一～六月および同年七月～一八七六年六月の数。
※5　一八八五年七月～一八八六年三月の数。
※6　一八八九年一～三月および同年四月～一八九〇年三月の数。

日本近代郵便《ゆうびん》の父　前島密《まえじまひそか》

みなさんは一円切手という、いちばん安価《あんか》な切手を見たことがあるでしょうか。この切手には「日本近代郵便の父」といわれる、前島密という人の肖像《しょうぞう》画《が》が使われています。

密は一八三五年二月四日、現在《げんざい》の新潟県上越《にいがたけんじょうえつ》市で生まれました。若《わか》いころからたいへんな勉強家で、江戸《えど》で医学を、長崎《ながさき》で英語《えいご》や数学を学びました。

一八七〇年四月、明治政府《めいじせいふ》で税金《ぜいきん》に関《かん》する役職《やくしょく》についていた密は、交通や通信《つうしん》を改革《かいかく》するための役職、「駅逓権正《えきていごんのかみ》」もかねることになります。

あるとき密は、東京―京都間で文書をやりとりする運送費《ひ》として、政府が定飛脚問屋《じょうびきゃくどいや》に支《し》はらっていた金額《きんがく》が一か月あたり※一五〇〇両にも上っていたことにおどろきました。そして、これだけたくさんのお金を使えば、国が運《うん》営《えい》する新しい通信制《せい》度《ど》をつくることができると考えて、六月には郵便の創業《そうぎょう》を政府にうったえる建議《けんぎ》書《しょ》を出します。これがみとめられ、日本に郵便が誕生《たんじょう》することになりました。

密はその後すぐにイギリスにわたり、先進的《てき》な郵便事業を学んで帰国しました。一八七一年に郵便が創業すると、自ら「駅逓頭《えきていのかみ》」という、郵便に関《かん》する業務《ぎょうむ》を担当《たんとう》する役職につきました。

前島密（1835〜1919年）

※現在の金額ではおよそ三〇〇〇万円。

駅逓寮《えきていりょう》（郵便の役所）の建物《たてもの》（1873年ごろ）

通信《つうしん》を国が運営《うんえい》するということは、それまで飛脚《ひきゃく》をいとなみ宿駅《しゅくえき》ではたらいていた民間《みんかん》の人びとにとっては、仕事をうばわれてしまう重大な問題です。そこで密《ひそか》は近代的《てき》な通信を取り入れることの大切さや、その仕組みを彼《かれ》らに説明《せつめい》して、新しく生まれる郵便《ゆうびん》に協力《きょうりょく》するように説得《せっとく》しました。また、それと同時に、金子《きんす》入り書状《しょじょう》（現在《げんざい》の現金書留《げんきんかきとめ》）の配達《はいたつ》など、重要《じゅうよう》な仕事を彼らにまかせることなども約束《やくそく》しました。

密のこうしたはたらきも成功《せいこう》して、定飛脚問屋《じょうびきゃくどいや》は「陸運元会社《りくうん》」という運送会社にすがたを変《か》えました。この会社は、現在《げんざい》、貨物《かもつ》の輸送《ゆそう》などを手がけている会社、日本通運《にっぽんつううん》になっています。

密はその後も郵便の近代化に力をそそぎ、郵便為替《かわせ》・郵便貯金《ちょきん》もスタートさせました。また、道路や鉄道、電信、電話など、近代日本の産業《さんぎょう》や生活の基盤《きばん》をつくり上げたほか、新聞の創刊《そうかん》、博覧会《はくらんかい》の開催《かいさい》、東京専門《せんもん》学校（早稲《わせ》田《だ》大学の前身）の創立《そうりつ》に関《かか》わるなど、新しい国づくりに数多くの業績《ぎょうせき》があり、「日本文明の一大恩人《おんじん》」ともいわれています。

日本の切手は何度もデザインが変更《へんこう》されていて、今の普通《ふつう》切手は「日本の自然《しぜん》」というテーマのものになっています。しかし、一円切手だけは前島密の肖像画《しょうぞうが》のまま、一九四七年以来、ずっと変更されていません。これは日本の近代郵便をつくり上げた偉業《いぎょう》をたたえるためで、今後も一円切手の前島密の肖像画だけは変わらないとされています。

1947年発行の前島密《まえじまひそか》の切手

現在《げんざい》の１円切手

「郵便《ゆうびん》」「切手」の名づけ親

前島密はまた、郵便に関連《かんれん》するいろいろな言葉を名づけたり、えらんだりしました。「郵便」も、前島密が名づけた名前です。はじめは「飛脚《ひきゃく》便」という案《あん》もありましたが、江戸《えど》時代の飛脚と新しい制度《せいど》との区別《くべつ》がしづらいため、もっと合う名前をつけることになりました。

最終的《さいしゅうてき》には、古代中国の宿場や駅を指す「郵」の字（33ページ参照《さんしょう》）を使った「郵便」という名前に決まりました。

「切手」も前島密が名づけ親です。日本では、お金をはらって得《え》た権利《けんり》を証明《しょうめい》する紙片《しへん》のことを古くから「切手」とよんでいました。切符手形《きりふてがた》という言葉を短くした言い方です。最初は郵便印紙と名づけようとしていたのですが、当時の人びとにとってよく知られたこの言葉を使うことにしました。

「はがき」についても前島密の自叙伝《※じじょでん》『鴻爪痕《こうそうこん》』の中でふれられています。昔から、日本では手紙や書類のはしに短いメッセージを書きそえることを「はしがき」「はがき」とよんできました。これを受けて、お札《さつ》の印刷《いんさつ》の監督《かんとく》をしていた青江秀《あおえひいず》という密の友人が「〝はがき〟と名づけるのが、言葉からいってもわかりやすい」という案《あん》を出しました。これに多くの人が賛成《さんせい》し「郵便はがき」という名前が決定されたそうです。

※自分で書いた自分の伝記

日本最初《さいしょ》の切手　竜文《りゅうもん》切手

イギリスで世界最初の切手が発行されてから約《やく》三〇年がたった、一八七一年、郵便創業《ゆうびんそうぎょう》と同時に日本最初の切手が発行されました。

切手の図案《ずあん》は、当時の太政官札《だじょうかんさつ》（政府《せいふ》が発行した紙幣《しへい》）にえがかれた「竜」の部分を参考《さんこう》にしたといわれています。向かい合う竜と通貨《つうか》の単位《たんい》「文《もん》」にちなんで「竜文切手」とよばれています。用紙は和紙に印刷《いんさつ》されていて、現《げん》在《ざい》の切手のように目打ち（切りはなしやすいように開けた穴《あな》）や、うら面ののりもありませんでした。

銅板《どうばん》一枚《まい》に四〇枚の切手の原型《げんけい》をならべて版《はん》にし、まとめて印刷していました。当時はコピー機《き》などはなかったので、同じ図柄《ずがら》を四〇回、手作業でほっていました。そのため、同じ切手でもよく見るとほんの少しずつちがいがありました。

日本最初の切手　竜文切手（1871年発行）

日本最初のはがき

日本で最初に発行された郵便はがきは「二ツ《ふたつ》折紅枠《おりべにわく》はがき」とよばれ、一八七三年に発行されました。現在《げんざい》のようにカード状《じょう》のものではなく、うすい紙を二つ折《お》りにしていました。これは、その当時の日本には厚《あつ》い紙をつくる技術《ぎじゅつ》がまだなかったために考えられたアイデアです。

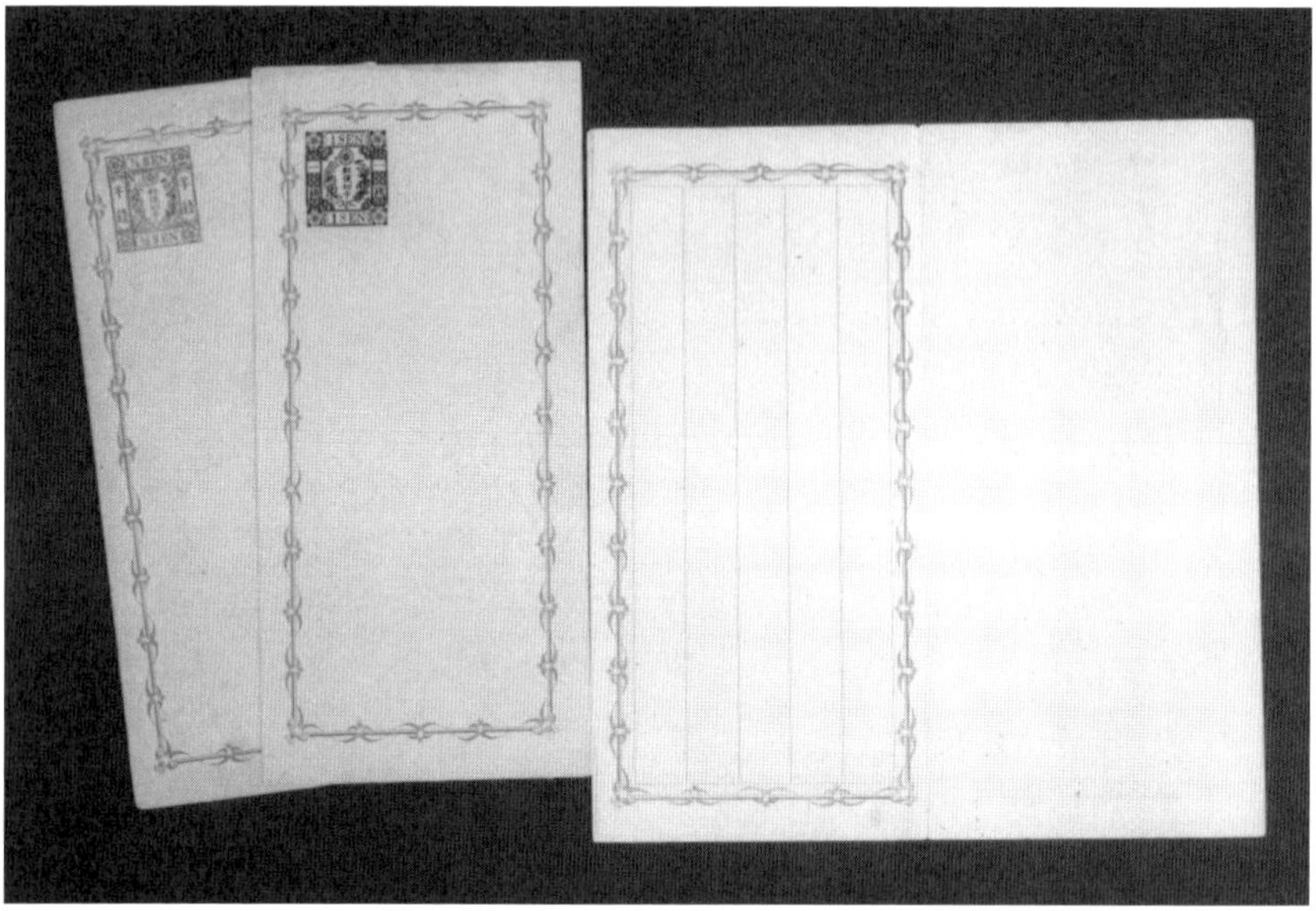

日本最初のはがき、二《ふた》ツ《つ》折紅枠《おりべにわく》はがき（1873年発行）

切手とはがきの自動販売機《はんばいき》

現在《げんざい》、自動販売機といえばお茶やジュースなどの飲料《いんりょう》を売っているものを思いうかべる人が多いでしょう。ところが、日本で現在のこっているいちばん古い自動販売機は切手とはがきを売るものです。「自働郵便切手葉書売下機《じどうゆうびんきってはがきうりさげき》」といい、一九〇四年に山口県の発明家、俵谷高七《たわらやたかしち》（一八五四〜一九一二年）が作りました。

向かって右側《みぎがわ》が三銭《せん》切手、左側が一銭五厘《りん》のはがきの販売口で、ポストとしての機能《きのう》もありました。でも、この装置《そうち》は正確《せいかく》に作動しないことも多かったようで、残念《ざんねん》ながら実際《じっさい》には使われませんでした。

切手の自動販売機が実際に設置《せっち》されたのは三〇年以上《いじょう》後の一九三八年で、東京・日本橋《にほんばし》にある百貨店《ひゃっかてん》の三越《みつこし》に設置されました。

自働郵便切手葉書売下機

三越に設置された切手の自動販売機

郵便《ゆうびん》マークの誕生《たんじょう》

郵便のシンボルといえば、「〒」のマークがすぐに思いつくでしょう。〒として、郵便局の地図記号にも使われています。

郵便が創業《そうぎょう》したときの郵便マークは、今とちがい、赤い太い横線の中央に大きな丸がえがかれたものでした。〒になったのは一八八七年です。これは当時、郵便をつかさどっていた国の機関《きかん》、逓信省《ていしんしょう》の読みの最初《さいしょ》の文字、カタカナのテからデザインしたマークです。

ちなみに、このマークは最初「T」とまちがって発表されましたが、すぐに訂正《ていせい》されたといううら話があります。実は、Tは国際郵便では「料金不足《りょうきんぶそく》」をしめすマークとして世界中で使われています。Tのままだと、かなり困《こま》ったことになっていたかもしれません。

また、かつてはこのマークを顔文字のようにデザインしたマークもありましたが、現在《げんざい》は使われていません。

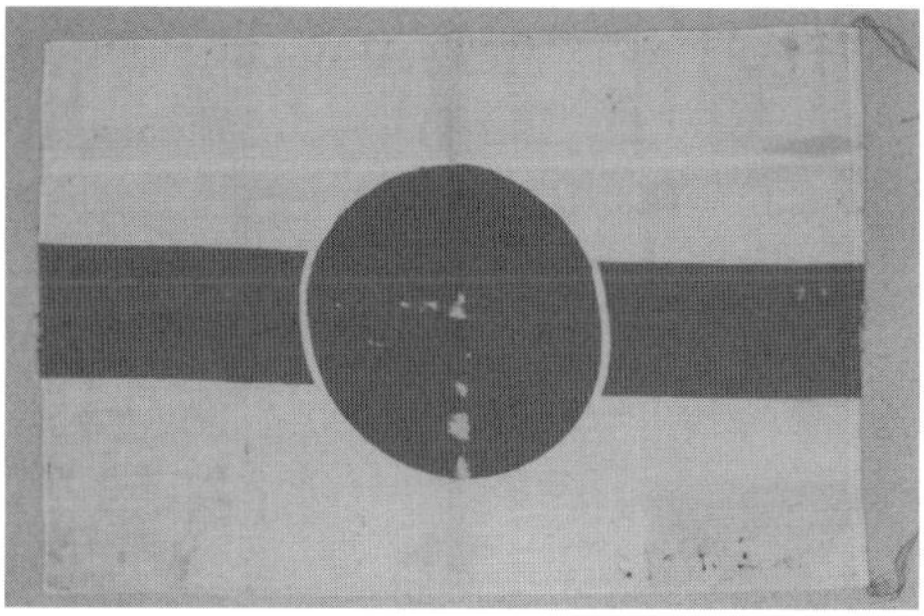

郵便創業当時のマークが入った旗《はた》

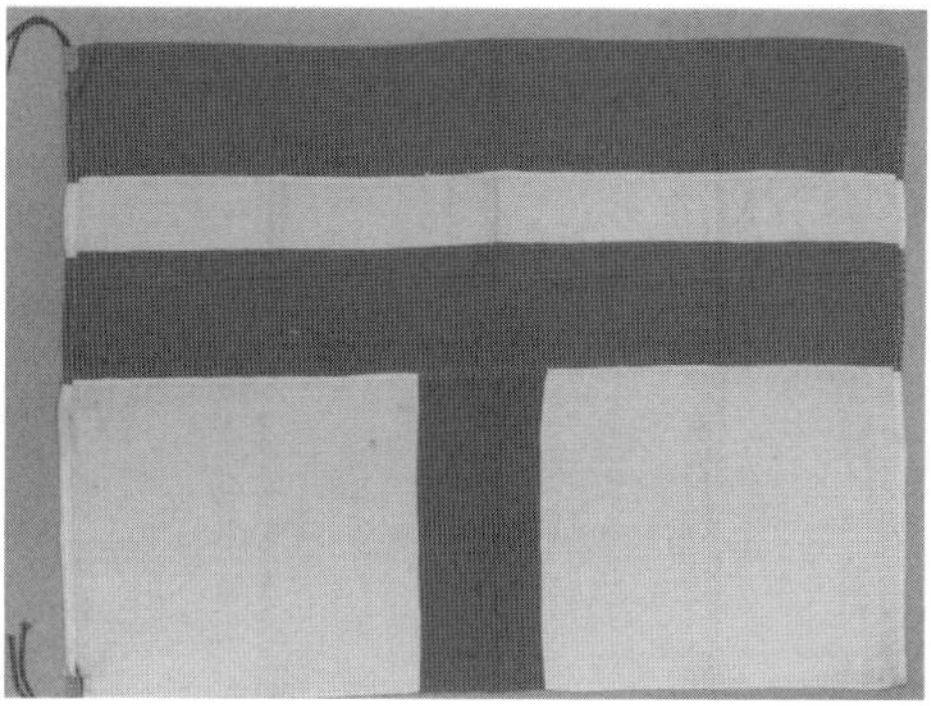

現在のマークが入った旗

顔マーク

郵便《ゆうびん》は時代の変化《へんか》のシンボル

明治《めいじ》時代になると、町なみから食事や服装《ふくそう》などの生活スタイルまで、日本の社会のすべてが大きく変《か》わりました。郵便もその変化のひとつでしたが、最初《さいしょ》はどういう制度《せいど》なのかをまったく知らない人も多くいました。

そのため、郵便の仕組みを広く宣伝《せんでん》するために、郵便に関係《かんけい》する道具のデザインは人目をひく、目立つものになりました。

制服もそのひとつです。※1 配達員《はいたついん》は郵便マークが入った韮山笠《にらやまがさ》とよばれる笠を頭にかぶり、当時はめずらしかった洋服を着ていました。上着は黒い毛織《けおり》物《もの》で、えりは赤色、袖《そで》にも郵便マークが入っていました。ズボンも黒い毛織物で、外側《そとがわ》にたての赤い線が入っていました。ただし、赤い線は当時の警察《けいさつ》官《かん》の制服に似《に》ているとの指摘《してき》がありました。そのため、後に上着のえりとズボンの赤線はなくなり、韮山笠に代わり、まんじゅう笠（丸笠）になりました。

配達員をはじめとして、郵便に関《かん》するものがえがかれた錦絵《にしきえ》※2が多くのこっています。郵便は時代の変化のシンボルのような存在《そんざい》だったといえるでしょう。

※1　郵便物をあて先まで届《とど》ける人。
※2　多くの色が使われた浮世絵《うきよえ》の一種《しゅ》。

錦絵にえがかれた配達員
「開化幼早学門」国政 画

ピストルを持っていた運送員《うんそういん》

創業《そうぎょう》当時、郵便《ゆうびん》物は江戸《えど》時代の飛脚《ひきゃく》と同じように、人の足で運ばれていました。その道のりは決して楽ではありませんでした。現代《げんだい》のようにアスファルトがしかれた道路などはありませんし、大雨などに見舞《みま》われたら川止め（55ページ参照《さんしょう》）になってしまうこともありました。ときには、急坂が続《つづ》く暗い山の中を、運送員はひたすら歩いて郵便物を運びました。遭難《そうなん》して命を落とす人もいたくらい、きびしい仕事だったようです。

当時の運送員が持っていたものに郵便ラッパがあります。これはクマやイノシシよけとして使われました。まだ街中《まちなか》にすら街灯《がいとう》が少ない時代には、山の中は危険《きけん》であふれていました。運送中にクマやイノシシに襲《おそ》われたという事件《じけん》は日本各地《かくち》で数多くありました。そこで、郵便ラッパを吹《ふ》いて、大きな音で動物を近寄《ちかよ》らせないようにしたのです。

郵便ラッパは、そのほかにも、川を舟《ふね》でわたるときに、近くに来たことを知らせて舟の準備《じゅんび》をしてもらう合図にも使われました。雪が多い地方では、吹雪《ふぶき》やなだれで雪に閉《と》じこめられてしまったときに居場所《いばしょ》を知らせるのにも役立ったそうです。

また、郵便が創業して間もない一八七三年ごろから一九四五年ごろまで、危険な地域《ちいき》を通る運送員は「郵便保護《ほご》銃《じゅう》」という六連発《れんぱつ》のピストルを持ち歩

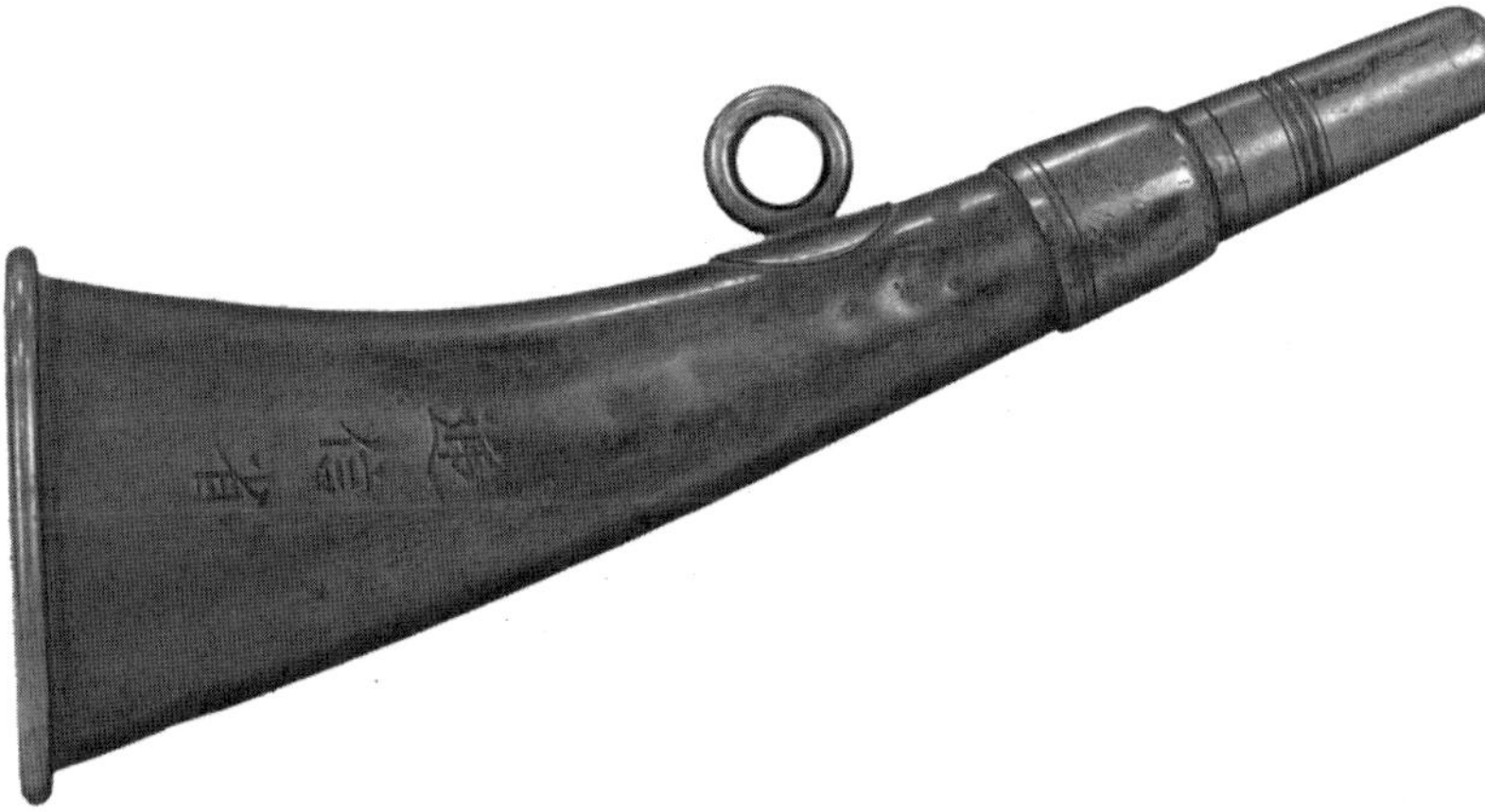

郵便ラッパ

くことを許《ゆる》されていました。当時、現《げん》金書留《きんかきとめ》をねらった強盗《ごうとう》に郵便物《ゆうびん》がうばわれる事件《じけん》があったことから、大切な郵便物を守るために配られたのです。一八八七年にはクマなどの動物に対しても使用が許可《きょか》されています。

ちなみに、警察官《けいさつかん》がピストルを装備《そうび》するようになったのは一九二三年で、運送員よりずっと後のことでした。もっとも、当時の銃規制《じゅうきせい》は現在《げんざい》とくらべるとかなりゆるやかで、民間《みんかん》人でもピストルの所持がみとめられていました。

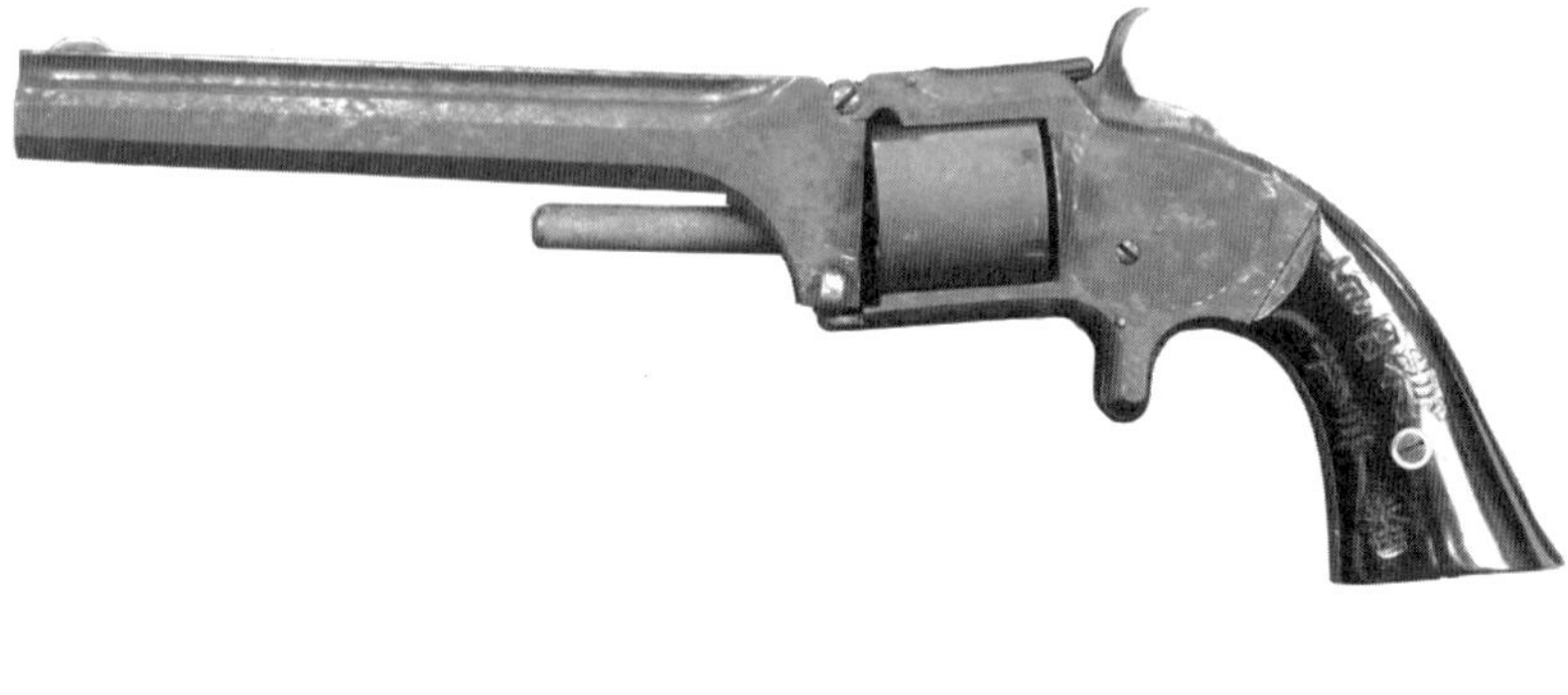

郵便保護銃《ほごじゅう》

賊《とく》
熊《くま》
ここにいるよ！
便利《べんり》に使える
郵便ラッパ
雨にも日《ひ》差《ざ》し
にも、丸《まる》笠《かさ》
郵便保護銃
子熊
かばん
御用
便
灯器《とうき》
懐中《かいちゅう》時計
蛇《へび》
足もとは
わらじ
猪《いのしし》

郵便局《ゆうびんきょく》と時計

一八七四年（明治七年）から各地《かくち》の郵便局には当時としては最新式《さいしんしき》のかけ時計がそなえられました。江戸《えど》時代の飛脚《ひきゃく》は配達《はいたつ》の時刻《じこく》が不規則《ふきそく》でしたが、郵便は決められた時間に出発、到着《とうちゃく》しなければなりません。そのために正確《せいかく》な時計はかかせませんでした。

当時の普通《ふつう》の人びとにとっては時計はめずらしかったので、それを見るためだけにわざわざ郵便局に足を運んだ人もいたそうです。

八角時計

3節《せつ》　戦争《せんそう》と郵便

軍事《ぐんじ》郵便

通信《つうしん》や郵便の始まりや発展《はってん》には、軍隊《ぐんたい》で使われる通信が大きく関《かか》わっていて、それはどこの国でも共通《きょうつう》でした。戦争と郵便は意外に関係《かんけい》が深いといってもいいかもしれません。

戦争時に戦地の兵士《へいし》にあてて送られる、もしくは戦地から自分の国に送られる「軍事郵便」という制度《せいど》があります。この制度の目的《もくてき》は、まず第一に軍事情報《じょうほう》を速く正確《せいかく》に送ることで、さらに、遠くはなれた戦地で戦《たたか》う兵士《へいし》や軍の関係者と家族をむすぶことにありました。

日本では一八九四年の※日清戦争《にっしんせんそう》のときに、軍事郵便《ぐんじゆうびん》に関《かん》する規則《きそく》が定められました。戦地には野戦郵便局がもうけられました。基本的《きほんてき》に軍関係者から差《さ》し出される郵便物は無料《むりょう》で、民間《みんかん》人が軍関係者に差し出す郵便には通常《つうじょう》の料金《りょうきん》がかかりました。

異国《いこく》の地で明日の命をも知れない兵士《へいし》には、家族からの手紙は数少ない心の安らぎでした。家族にとっては、戦地からの手紙は兵士が生きていることを伝《つた》えてくれる、何よりうれしいニュースだったことでしょう。

当時の政府《せいふ》も積極的《せっきょくてき》に軍事郵便を出すように国民《こくみん》によびかけていて、一九三七年には年間で五億《おく》通近い数の軍事郵便が差し出されたそうです。しかし、戦局が悪化するにつれて配達《はいたつ》がおくれることもありましたし、最後《さいご》まで届《とど》かなかった手紙も多くありました。

※日本と清（当時の中国）の間で起きた戦争。

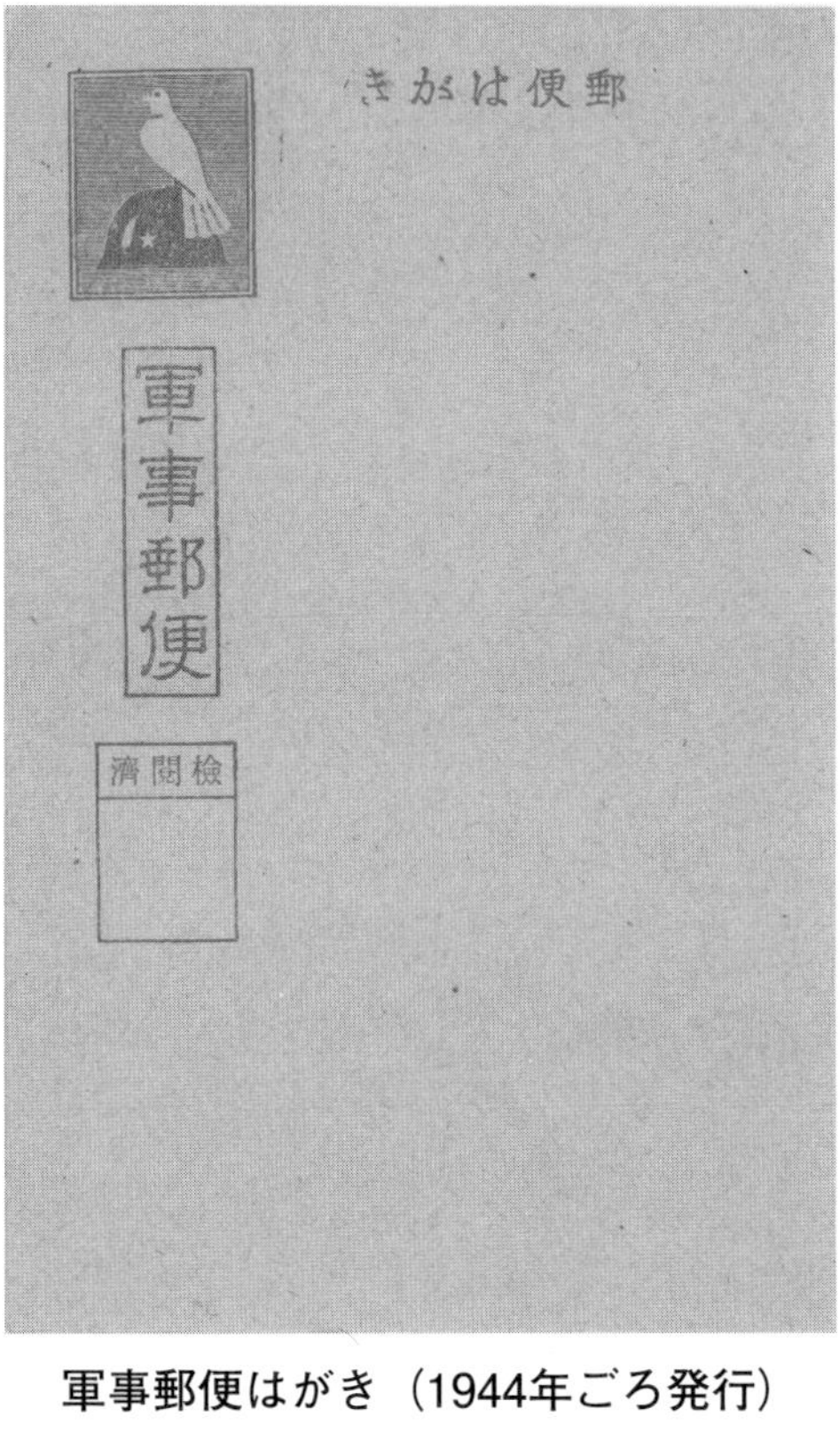

軍事郵便はがき（1944年ごろ発行）

日露戦争《にちろせんそう》後の絵はがきブーム

現在《げんざい》は観光地《かんこうち》や文房具店《ぶんぼうぐてん》など、どこでも買える絵はがきも、実は戦争と深い関係《かんけい》があります。

一九〇四年二月、日本とロシアの間で日露戦争が始まりました。映画《えいが》もテレビもない時代には、新聞以外《いがい》では、写真が掲載《けいさい》された絵はがきが戦争の様子を教えてくれる貴重《きちょう》な手段《しゅだん》でした。つまり、情報《じょうほう》を伝《つた》えるメディアの役割《やくわり》をはたしていたといえるでしょう。一九〇四年九月の日露戦役記念《きねん》絵はがきを最初《さいしょ》に、戦争の進行に応《おう》じて次つぎと絵はがきが発行され、空前の絵はがきブームが起こりました。

一九〇五年に日本が日露戦争に勝利《しょうり》すると、それをいわうムードとともに、記念絵はがきの人気は高まりました。一九〇六年五月六日にシリーズ最後の

第五回戦役記念絵はがきが発行されたとき、ブームは最高潮《さいこうちょう》に達《たっ》しました。このときの絵はがきは三枚《まい》ひと組で一〇万組発行されましたが、発売していたのは東京の主要《しゅよう》な郵便局のみだったので、前日の夜から長い行列ができたということです。

画像提供：藤沢市文書館

日露戦争の記念絵はがき（1904年発行）

戦況《せんきょう》の悪化と郵便《ゆうびん》

幕末以降《ばくまついこう》、日本は何度も戦争《せんそう》を経験《けいけん》しますが、一九四一年には最《もっと》も大きい規模《きぼ》の戦争である太平洋戦争に突入《とつにゅう》します。戦時体制《たいせい》になると、郵便をふくめた、あらゆる通信《つうしん》のスピードやサービスは低《ひく》くなる一方でした。人も物も不足《ふそく》したため、郵便を運ぶ鉄道も船も自動車もどんどんへらされていき、年賀状《ねんがじょう》など、特別《とくべつ》な取りあつかいの郵便も中止されました。郵便物は直接届《ちょくせつとど》くのではなく、※隣組《となりぐみ》にまとめて配達《はいたつ》され、そこからそれぞれの家に分けられました。

それまで配達を担当《たんとう》していた大人の男性《だんせい》が兵士《へいし》として戦地に行ってしまうと女性が採用《さいよう》されましたが、それでも人手が足りなくなり、学生も郵便の仕事にかり出されました。

郵便切手も影響《えいきょう》を受けました。精巧《せいこう》な印刷方法《いんさつほうほう》が使われる切手は作るのがむずかしくなり、ついには簡易《かんい》印刷に近い方式になりました。デザインも戦争に関連するものに変《か》わっていきました。

※戦争時に国民をまとめるための組織《そしき》。五～一〇軒《けん》の家をひとまとめにしてつくられた。

少年航空兵《こうくうへい》のえがかれた切手
（1942年発行）

敵国降伏《てきこくこうふく》切手
印刷局の工場が被災《ひさい》したため、民間《みんかん》の印刷会社数社で印刷されました。そのため、うらののりや目打ち（穴《あな》）がないものがあります
（1945年発行）

原爆《げんばく》投下直後に出されたはがき

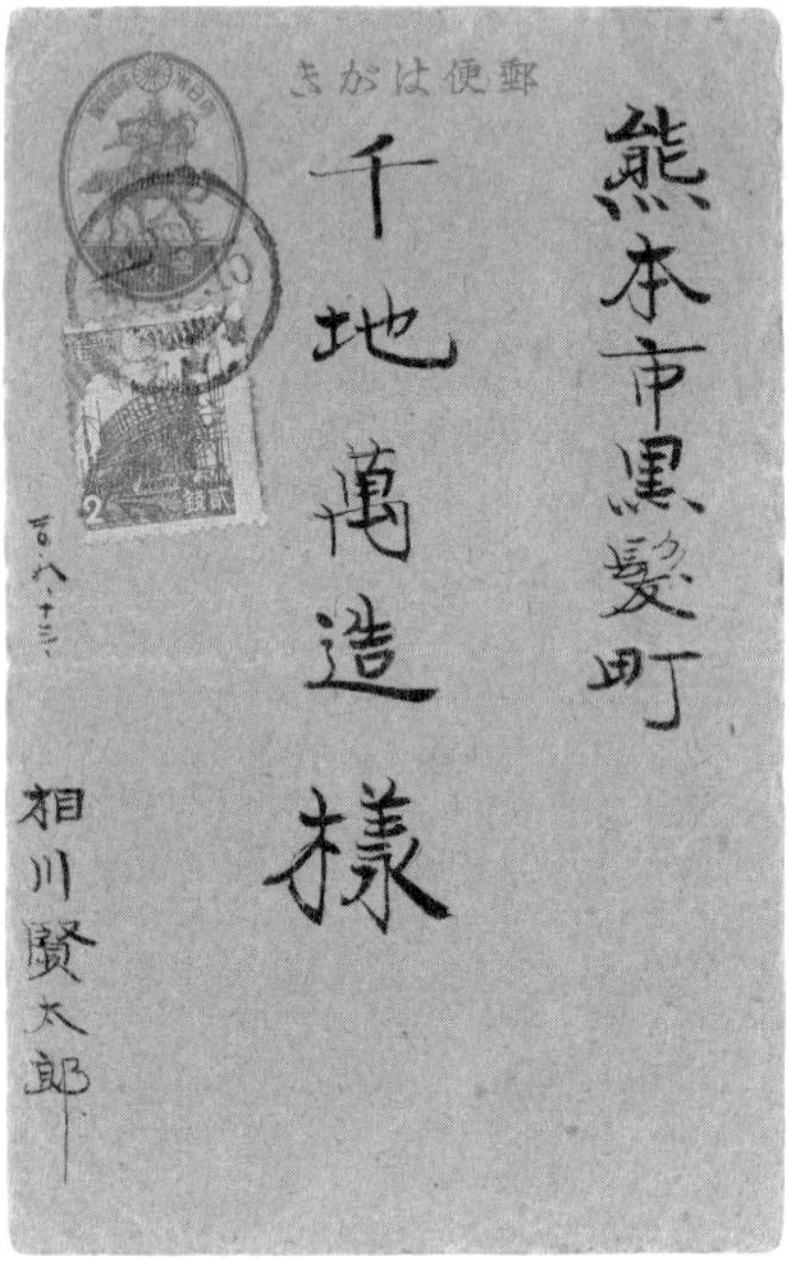

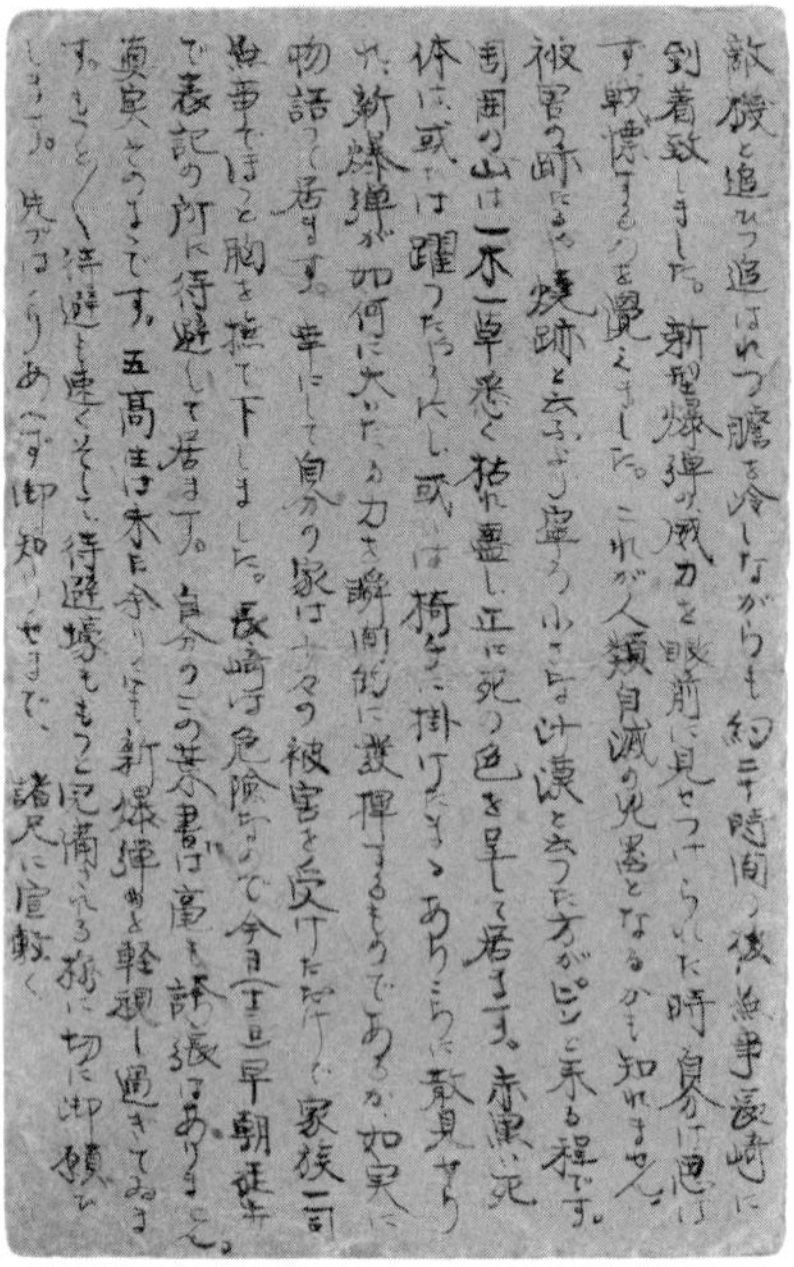

はがきの文面には原子爆弾《ばくだん》が落とされた長崎《ながさき》の被害《ひがい》の様子が生なましく書かれており、戦争《せんそう》の悲惨《ひさん》さ、原爆のおそろしさを伝《つた》えています。

この手紙は長崎県大村《おおむら》市のポストに投函《とうかん》され、原爆投下直後の混乱《こんらん》の中でもちゃんと熊本《くまもと》まで配達《はいたつ》されました。消印《けしいん》がおされた日付は1945年8月15日になっていて、まさに終戦をむかえたその日でした。

検閲《けんえつ》――手紙の中身がチェックされていた

もし、自分が出した封筒に入った大切な手紙がだれかに勝手に見られていたら、どうでしょうか。きっといやな気持ちになると思います。「検閲」という言葉があります。政府《せいふ》が本や新聞といった出版物《しゅっぱんぶつ》や映画《えいが》や放送などの中身をしらべて、政府にとって都合が悪いことが書かれていないかどうかをチェックすることです。場合によっては発表を禁止《きんし》することもありました。いつごろからか、はっきりとはわかりませんが、かつての日本ではこの検閲が行われていて、郵便物《ゆうびんぶつ》もその対象《たいしょう》でした。

太平洋戦争に突入《とつにゅう》すると、それまでも行われていた検閲はきびしくなりました。戦争のさまたげになる、あるいはなりそうなもの、暗号などを使用しているもの、内容《ないよう》がはっきりわからないもの、そうした郵便物は引き受けな

いでよいという取り決めができました。
敵対《てきたい》していた国あての郵便《ゆうびん》物は差《さ》し出し禁止《きんし》になりました。まずは一九四一年一二月一一日にアメリカとイギリスが指定されます。翌一二日には※1満州《まんしゅう》国《こく》、中国、タイ、※2ソビエト以外《いがい》の国が追加《ついか》されました。

　戦局《せんきょく》が悪化すると、敵対していた国だけではなく、外国向けの郵便は事実上差し出し禁止になってしまいます。国内の郵便に対する検閲《けんえつ》もますますきびしくなりました。検閲官《けんえつかん》が必要《ひつよう》と判《はん》断《だん》すれば、封《ふう》をした手紙でも開封されました。検閲の対象《たいしょう》となった内容《ないよう》は、敵対する国への情報提供《じょうほうていきょう》がうたがわれるものや、国民が戦意をうしなうような内容《ないよう》のうわさ話などでした。

※1　現在《げんざい》の中国東北部にあった国。
※2　現在のロシア。

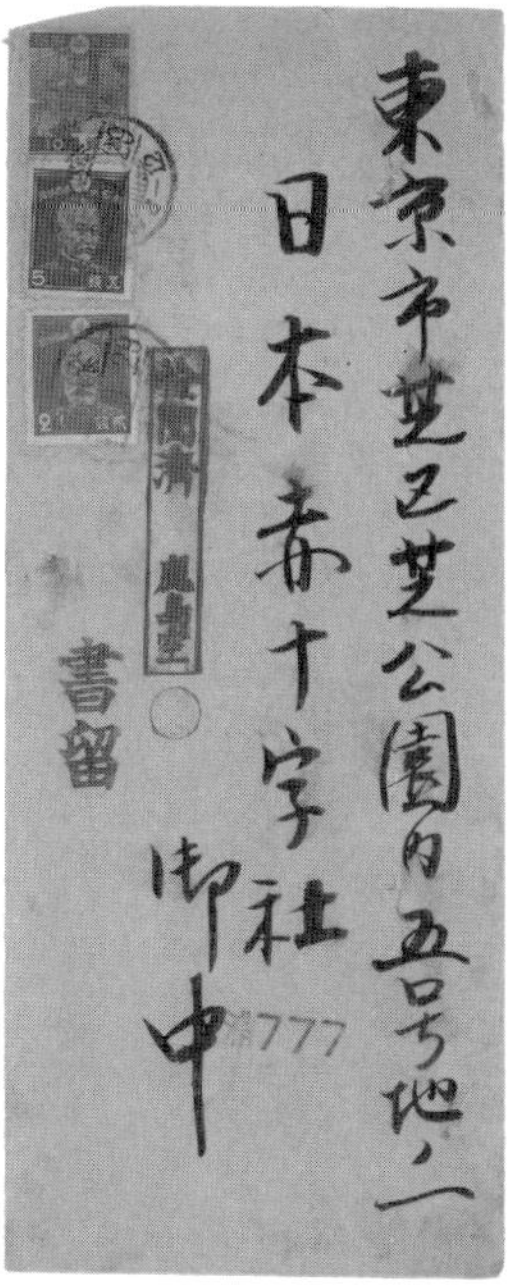

検閲された封筒《ふうとう》

終戦後も続《つづ》いた検閲

一九四五年八月一五日、太平洋戦争は終わりました。しかし、検閲はすぐにはなくなりませんでした。政府《せいふ》や軍《ぐん》による検閲は終わりましたが、日本に連合国軍《れんごうこくぐん》が進駐《しんちゅう》して占領下《せんりょうか》に入ると、今度はアメリカが設置《せっち》したGHQ（連合国軍最高《さいこう》司令官《しれいかん》総《そう》司令部《しれいぶ》）による検閲《けんえつ》が始まったのです。

この検閲は占領《せんりょう》に対する日本国民の不満《ふまん》や社会的《てき》な動きなどを知るためのもので、その対象《たいしょう》は新聞などだけではなく、個人《こじん》の手紙や電信《でんしん》・電話にもおよびました。また、ＧＨＱの指示《しじ》により、当時の日本政府《せいふ》はこのことを秘密《ひみつ》にしていました。検閲官《けんえつかん》など、検閲に協力《きょうりょく》した人びとの証言《しょうげん》もほとんどないため、検閲の具体的な内容《ないよう》やいつまで続《つづ》いていたのかなど、実際《じっさい》の様子はあまりわかっていません。

しかし国民《こくみん》は、はっきりとは知らなくても、郵便《ゆうびん》が検閲されていることにうすうす気づいていたようです。

GHQの検閲ずみの手紙

平和な社会だから手紙が安心して出せる

現在《げんざい》の日本では、一九四六年に公布《こうふ》された日本国憲法《けんぽう》という、国の最《もっと》も基本《きほん》的なルールの中で「検閲の禁止《きんし》」「通信の秘密《ひみつ》をおかしてはならない」(二一条《じょう》)と定められています。手紙の内容はもちろん、差出人《さしだしにん》と受取人両方の名前や住所、いつどこで差《さ》し出されたかなどをチェックすることも禁じられています。

検閲が行われると、表現《ひょうげん》の自由が制限《せいげん》されてしまいます。表現の自由とは、個人《こじん》が自分の意見を自由に伝《つた》えることができるという、人権《じんけん》の中の最も大切な権利《けんり》のひとつです。しかし、ほんの数十年前まで、こうした大切な権利や、プライバシーが制限《せいげん》されてしまった時代がありました。

わたしたちが安心して自由に手紙を送ることができるのは、社会が平和であるからなのです。

4節《せつ》　郵便《ゆうびん》に関《かん》するさまざまなものの移《うつ》り変《か》わり

つねに最速《さいそく》の交通手段《しゅだん》で届《とど》ける

「郵便物を速く届ける」ことは、創業以来《そうぎょういらい》、郵便の大切な使命のひとつでした。そのために各《かく》時代で最《もっと》も速い交通手段を取り入れてきました。一八七一年に人力のリレーで東京ー大阪間をむすぶことから始まった、郵便の運送はどんどん進化していきます。

まず、同じ年に馬車を使う運送が始まり、東京と高崎《たかさき》（群馬《ぐんま》県）の間の一一〇キロメートルを一二時間（時速約《やく》一〇キロメートル）でむすびました。その年末には横浜《よこはま》ー横須賀《よこすか》間（ともに神奈川《かながわ》県）を汽船で運ぶ運送も始まりました。

翌年《よくねん》の一八七二年九月には日本初《はつ》の鉄道が開通しましたが、これに先立ち、六月に品川（東京）と横浜の間で試験《しけん》的《てき》に鉄道が走っていました。このときすでに郵便の運送がいっしょに行われました。かかった時間は、品川ー横浜間で三五分（時速約四一キロメートル）でした。

鉄道の路線が全国でどんどん開通していくにつれて、長距離《ちょうきょり》の運送は人力や馬車ではなく、ほとんどが鉄道に変わっていきました。

郵便物のみを運ぶ「鉄道郵便車」もあらわれました。走りながら車内で郵便物の仕分けを行い、消印《けしいん》までおすことができました。

鉄道郵便車内で行われた区分作業の様子

自動車がはじめて利用《りよう》されたのは一九〇八年で、まず東京で行われました。当時は蒸気《じょうき》自動車が使われていて、時速一三キロメートルで走り、一・五トンもの郵便《ゆうびん》物をつめたといいます。東京に続《つづ》いて大阪《おおさか》、名古屋《なごや》、神戸《こうべ》でも利《り》用《よう》が開始されました。

飛行機《ひこうき》による運送は、一九一九年に東京ー大阪間の試験《しけん》飛行に郵便物をたくしたのが最初《さいしょ》です。現在《げんざい》の江東区《こうとうく》深川《ふかがわ》を三機の飛行機が離陸《りりく》し、一機は不《ふ》時着《じちゃく》してしまいましたが、二機がそれぞれ三時間四〇分と四時間四六分かけて大阪に着陸しました。

定期的《てき》に郵便物を運送したのは一九二五年からです。そのころの飛行は天《てん》候《こう》に大きく左右され、まだまだ実験段階《じっけんだんかい》だったそうですが、航空《こうくう》郵便は急速に発展《はってん》していきました。

郵便運送用自動車（1908年）

羽田《はねだ》空港に到着《とうちゃく》した郵便飛行機（1936年）

日本の郵便ポストの移《うつ》り変《か》わり

ポストが登場する前は、手紙の受けわたしには手間がかかりました。江戸《えど》時代のはじめには、京都や大坂を出発して江戸に着いた飛脚《ひきゃく》が宿の前でむしろを広げ、運んできた手紙や荷物をならべていました。そこに人が集まり、それぞれ自分あての手紙を見つけて受け取り、その返事はいつまでに持ってくればいいかを飛脚《ひきゃく》にたずねるという光景《こうけい》が見られていました。新たに出す手紙もこのときにわたしていました。

一方、ポストは手紙に切手をはって入れるだけで、決まった時間に持っていってくれるという、とても便利《べんり》な仕組みでした。

郵便《ゆうびん》が始まった一八七一年に作られた日本最初《さいしょ》のポストは「書状《しょじょう》集め箱」という名前で、東京に一二か所、京都に五か所、大阪《おおさか》に八か所、そして東海道《とうかいどう》の宿《しゅく》

書状集め箱（模造《もぞう》）

駅《えき》にも置《お》かれました。この書状集め箱は雨よけの屋根がついているという、いかにも和風な形をしていて、江戸《えど》時代の目安箱《めやすばこ》の影響《えいきょう》があるともいわれています。

翌年《よくとし》の一八七二年には角柱の形をした新しいポストが設置《せっち》されました。杉《すぎ》の木で作られて黒くぬられ、正面には白うるしで「郵便箱」と書かれていました。ところが、『明治事物起原《めいじじぶつきげん》』（石井研堂著《いしいけんどうちょ》）という本には、この郵便箱の「郵便《ゆうびん》」という字を「垂便《たれべん》」と読み、「便を垂《た》れる箱」、つまりトイレとまちがってしまったという話が記されています。創業《そうぎょう》直後、一般《いっぱん》の人にとっては郵便という制度《せいど》がまだまだ知られていなかったことがよくわかるエピソードです。

黒塗《くろぬり》柱箱（模造）

ほかにもいろいろあった！ポストの歴史《れきし》

今では街角《まちかど》のあちこちにあるポスト。時代の変化《へんか》とともにその形は変《か》わっていき、いろいろな工夫《くふう》もされていきました。

最初《さいしょ》の丸型《まるがた》が登場

俵《たわら》谷《や》式《しき》ポスト

（1901年）

発明家の俵谷高七《たかしち》が考案《こうあん》。丸さの理由は「通行のじゃまにならないように」です。

しかけに注目！

回転式ポスト

（1908年）

回転式の差入口《さしいれぐち》（カラー口絵参照《さんしょう》）が特《とく》徴《ちょう》ですが、故障《こしょう》も多かったそうです。

たくさん入る角型

郵便差出箱３号

（1951年）

戦後、郵便物が増加《ぞうか》し、丸型では入りきらなくなったために角型が登場しました。

レトロだけど現役《げんえき》！

郵便《ゆうびん》差出箱１号丸型

（1949年）

最後の丸型ポスト。味わいのある外見で、観光地《かんこうち》などで今でも活躍中《かつやくちゅう》です。

代用品もあった

コンクリート製《せい》ポスト

（1937年）

戦時中《せんじちゅう》に鉄の節約《せつやく》のために作られました。焼《や》き物やプラスチック製もありました。

都会の便所《べんじょ》はかっこいいなァ
郵便箱
どれ〳〵試《ため》してみよう

年賀状《ねんがじょう》の始まり

毎年一月一日に届《とど》く年賀状。みなさんも友だちと何枚《まい》もやりとりしていることと思います。この年賀状の起源《きげん》は、なんと一四〇〇年前にまでさかのぼることができます。日本で駅伝制《えきでんせい》が定められた大化《たいか》の改新《かいしん》（44ページ参照《さんしょう》）のすぐ後に、元旦《がんたん》に天皇《てんのう》が臣下《しんか》からおいわいの言葉を受け取る儀式《ぎしき》の「朝《ちょう》賀《が》」が始まっています。これが年賀状のルーツである、新年のあいさつの始まりだといわれています。

一一世紀《せいき》には、手紙の形での年賀状がすでに見られます。貴族《きぞく》や武士《ぶし》が手紙のお手本集として使った『雲州消息《うんしゅうしょうそく》』という本に、年賀状の例文《れいぶん》が取り上げられています。

江戸《えど》時代は寺子屋《てらこや》による教育が町人の間で広く行われて、読み書きがさかんに教えられた時代でした。そのおかげで、当時の日本の※識字率《しきじりつ》は世界で最《もっと》も高いレベルになっていました。あわせて、民間《みんかん》が使える飛脚《ひきゃく》も発達《はったつ》し、お金をはらえば手紙を出せるようになったことから、一般《いっぱん》の人にもすでに年賀状《ねんがじょう》という習慣《しゅうかん》があったと考えられます。

年始回りと年賀状

年のはじめに親せきやお世話になった人、近所の家をたずねて新年のあいさつを行うことを〝回礼〟

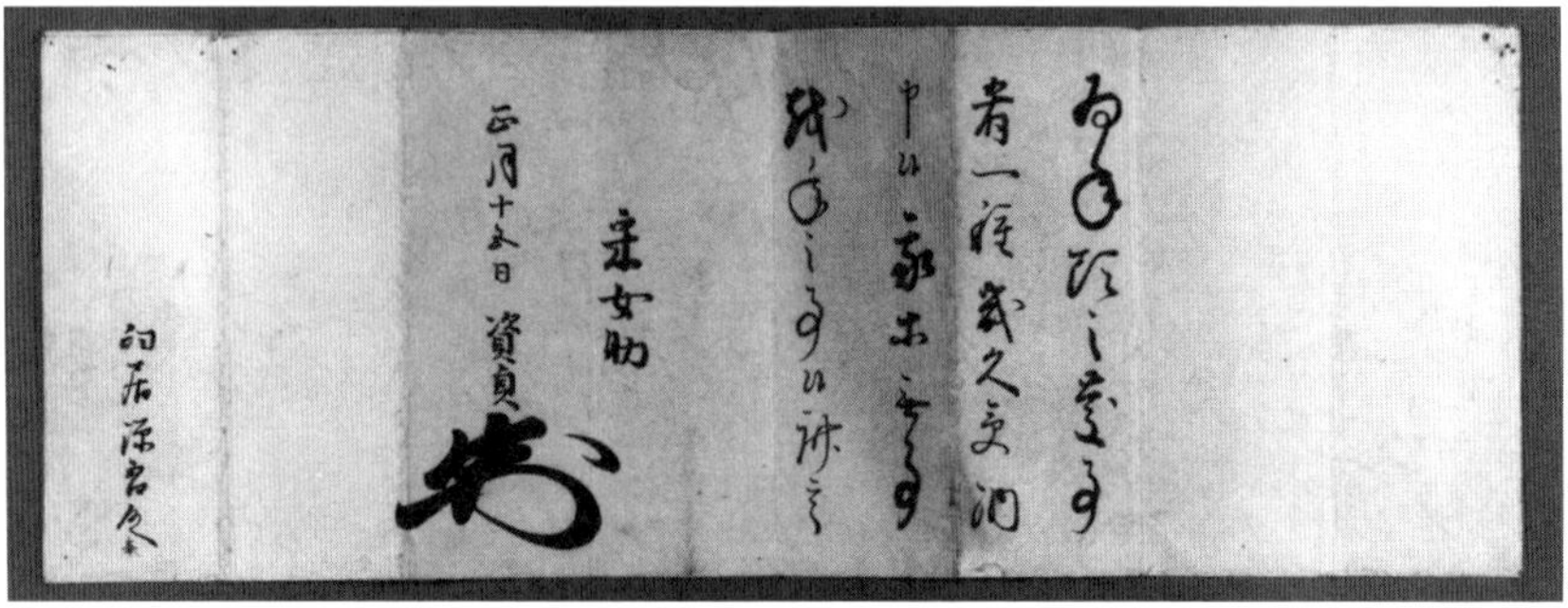

江戸《えど》時代の年賀状

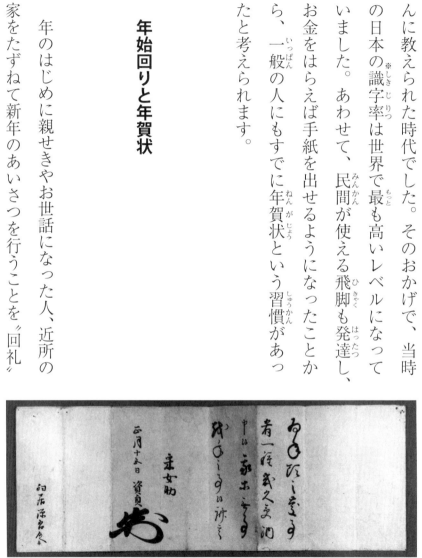

もしくは「年始回り」といいます。いろいろな形式がありましたが、基本《きほん》は直接《ちょくせつ》会ってあいさつをするというものでした。

しかし明治《めいじ》時代に入り、社会の発展《はってん》にともない交流する人数がふえて行動範囲《はんい》も広がると、直接会《ちょくせつあ》うことはたいへんになってきました。そこで、日本最初《さいしょ》の郵便《ゆうびん》はがきが発行されると、年始のあいさつをかんたんにする「年賀状」として利用《りよう》されるようになりました。

年賀状の数は爆発的《ばくはつてき》にふえましたが、当初は普通《ふつう》の郵便物と同じあつかいで、一枚《まい》ずつ消印《けしいん》をおしていたので、郵便局員はたいへんでした。一月一日

年賀状の発行枚数

年　度	発行枚数
1951	350,000,000
1952	450,000,000
1953	500,000,000
1954	580,000,000
1955	620,000,000
1956	715,000,000
1957	700,000,000
1958	770,000,000
1959	830,000,000
1960	850,000,000
1961	870,000,000
1962	870,000,000
1963	940,000,000
1964	1,085,000,000
1965	1,210,000,000
1966	1,300,000,000
1967	1,450,000,000
1968	1,500,000,000
1969	1,600,000,000
1970	1,680,000,000
1971	1,780,000,000
1972	1,960,000,000
1973	2,300,000,000
1974	2,700,000,000
1975	2,800,000,000
2018	2,586,000,000

※読み書きができる人の割合《わりあい》。

の郵便局《ゆうびんきょく》では、消印《けしいん》をおす係は休むひまもなくはんこをおし続《つづ》け、手のひらにマメができてはれ上がってしまったそうです。

そこで「年賀《ねんが》はがきの特別《とくべつ》あつかい」が始まり、前もって出された年賀状《ねんがじょう》は、消印を元日以前《いぜん》におせるようになりました。一九六一年からは年賀はがきの消印が省略《しょうりゃく》されるようになりました。

さらに、現在《げんざい》の年賀はがきの料額印面《りょうがくいんめん》（金額が印刷《いんさつ》された部分）の下の部分をよく見てみましょう。消印のかわりとなるデザインがあらかじめ印刷されています。

明治《めいじ》時代初期《しょき》の年賀状

消印がわりのデザイン

お年玉くじつき年賀はがきの発行

初《はつ》のお年玉くじつき年賀はがきは、一九四九年一二月に発行されました。考えたのは仕立て屋を経営《けいえい》する林正治《はやしまさじ》という人でした。

林さんが「終戦後、うちひしがれた状態《じょうたい》の中で通信《つうしん》がとだえてしまった。年賀状が復活《ふっかつ》すれば、おたがいの様子がわかる。くじのお年玉をつけて、寄《き》付《ふ》金を加《くわ》えれば夢《ゆめ》もあり、社会のためにもなる」と思いついたのがきっかけです。最初《さいしょ》のお年玉くじつき年賀はがきはごくわずかしか売れませんでしたが、その枚数《まいすう》はどんどんふえていきました。

お年玉くじつき年賀はがきの賞品《しょうひん》は、そのときの人びとがほしいと思うものがえらばれます。最初《さいしょ》の年は特等《とくとう》がミシン、一等が純毛《じゅんもう》洋服生地（服を作るためのウールの布《ぬの》）、二等が子ども用グローブ、三等が子ども用傘《かさ》、四等がはがき入れ、五等が便《びん》せんと封筒《ふうとう》、六等が切手シートでした。二〇一八年の賞品《しょうひん》は、一等が一二万円相当の商品や旅行などをえらべるギフトまたは現金《げんきん》一〇万円、二等がふるさと小包《こづつみ》、三等が切手シートです。くらべてみると、時代が変《か》わったことを感じさせます。

最初《さいしょ》のお年玉くじつき年賀はがき（1950年用）

暑中見《み》舞《ま》いとかもめ〜る

暑中見舞いは、一年で最《もっと》も暑い時期に親しい人の健康《けんこう》を気づかって出す手紙です。暑中見舞いそのものは江戸時代に生まれた習慣《しゅうかん》で、お盆《ぼん》の先祖《せんぞ》へのおそなえものから始まり、それがお世話になった人へのあいさつへと変わっていったとされています。年賀状と同じように、本来は直接《ちょくせつ》会って行うものでした。期間は、夏の土用《どよう》、つまり七月二〇日ごろから立秋（八月八日ごろ）前の約《やく》一八日間とするものや、小暑《しょうしょ》（七月七日ごろ）から立秋前日の約一か月とするものがあります。最近《さいきん》では梅雨《つゆ》明けの後を期間にふくむこともあります。立秋をすぎると、残暑《ざんしょ》見舞いになります。

最初の暑中見舞いはがき（1950年用）

はじめて暑中見舞いはがきが発行されたのは一九五〇年です。お年玉つき年賀はがきと同じくくじつきになったのは一九八六年からで、そのときから「かもめ～る」という愛称《あいしょう》がつきました。

5節《せつ》　現代《げんだい》の郵便《ゆうびん》

郵便物が届《とど》くまでの流れ

ここまで、通信《つうしん》が生まれ、郵便が発展《はってん》するまでの長い歴史《れきし》をふり返ってきました。最後《さいご》に、今わたしたちが使っている郵便について考えてみましょう。

現在《げんざい》、日本であつかわれる郵便物の数は年間約《やく》一六六億《おく》通（二〇一七年度）です。こんなに多い郵便物が、北海道から沖縄《おきなわ》まで、出される場所もあて先もそれぞれちがうのに、ほとんどが翌日《よくじつ》、または翌翌日には届《とど》きます。これを可能《かのう》にしているのは、いったいどういう仕組みなのでしょうか。

まず、郵便局には二つの種類《しゅるい》があることを知っておきましょう。わたしたちが手紙を出したり切手を買ったりする、いわゆる普通《ふつう》の郵便局は「集配局」

といいます。バイクなどによる配達《はいたつ》を行っているのもここです。

そしてもうひとつは、配達はしないけれど、出された郵便物を取りまとめて仕分ける、郵便物の流れの中心となる「地域《ちいき》区分局」です。

郵便物が届くまでの流れは以下《いか》のとおりです。
①ポストに出した郵便物が回収《かいしゅう》され、集配局に集められる。
②集配局から地域区分局に運ばれて取りまとめられる。
③地域区分局の中で、あて先によって仕分け（区分）が行われる。
④あて先の地域を担当《たんとう》する別《べつ》の地域区分局に運ばれる。
⑤地域区分局から、実際に配達を行う集配局に運ばれる。
⑥配達員がバイクで家のポストまで配達する。
一見、複雑《ふくざつ》に思えますが、地域区分局が流れの中心になることで、全国のどこにでもスムーズな配達ができるようになっているのです。

※荷物をのぞいた普通郵便物。

この地域《ちいき》区分局の中では二四時間、年間三六五日、休むことなく郵便《ゆうびん》物が仕分けされています。中ではどんなことが行われているのか、東京にある「新東京郵便局」での場合を見てみましょう。ここは日本で最《もっと》も大きい地域区分局のひとつで、一日で三二〇〇万通以上《いじょう》の郵便物を取りあつかいます。日本の郵便物の三分の一はここを通っています。

まず最初《さいしょ》に、地域区分局に郵便物を運びこむのはトラックです。近くの集配局から遠くにある地域区分局

まで、いろいろな郵便局からトラックが到着します。また、仕分けが終わった郵便物を運び出すのもトラックの仕事です。同じようにさまざまな郵便局に向けてトラックが出発していきます。

新東京郵便局にはトラックの発着所が二四九か所もあります。トラックは分きざみの細かいスケジュールで出入りしていて、一日あたりなんと三〇〇〇便を超《こ》えるそうです。

休むことなく郵便物が運びこまれ、運び出されます。

スピード仕分けの秘密《ひみつ》は機械化《きかいか》

地域《ちいき》区分局の中では、たくさんの郵便物《ゆうびんぶつ》を仕分けるためにいろいろな機械が活躍《かつやく》しています。「書状《しょじょう》区分機」は郵便物の郵便番号をカメラで読み取り、番号に合わせたあて先に仕分けます。区分機は一時間あたり三万〜五万通も仕分けることができます。

また、仕分けると同時に、読み取った郵便番号や住所をバーコードに変換《へんかん》して、郵便物の表面に印刷《いんさつ》するという機能《きのう》もあります。特《とく》殊《しゅ》なインクなので、普通《ふつう》の光では見えません。

目にも止まらぬスピードで郵便物を仕分けます。

このバーコードは、最後《さいご》にバイクで配達《はいたつ》するときに、少ない距離《きょり》で効率《こうりつ》よく配達する道順《みちじゅん》を決めるときに使われています（カラー口絵参照《さんしょう》）。

郵便物を仕分けるには、作業の段階《だんかい》ごとに郵便物を移動《いどう》させる必要《ひつよう》があります。しかし、それらをいちいち人が持って運んでいたらたいへんです。新東京郵便局内には、そうした移動全体を自動化している、仕分けの心臓部《しんぞうぶ》のような場所があります。無人《むじん》の広いフロアいっぱいに、何十本ものベルトコンベアーのような通路が複雑《ふくざつ》に分かれて広がっている場所です。仕分けされる前のものも、仕分けが終わったものも、さまざまな段階《だんかい》の郵便物がこの通路を通り、次の目的地《もくてきち》に向けて運ばれていきます。

郵便物が入ったケースが自動的にふり分けられます。

最後《さいご》に大事なのは人の目と手

このように、現代《げんだい》の郵便《ゆうびん》は機械《きかい》を使って、たくさんの郵便物を効《こう》率《りつ》よく仕分けています。しかし、すべてが機械で行えるわけではありません。たとえば、区分機に通らない厚《あつ》さの手紙、字が読みづらい手紙などは、人が目で見てひとつずつ住所を確《たし》かめて、あて先別《べつ》に仕分けする必要《ひつよう》があります。

その様子は、明治《めいじ》時代の郵便の

新東京郵便局 局長
倉田健二《くらたけんじ》さん

ぜひ手紙やはがきで、自分の気持ちを届《とど》けてみてください。受け取った人がきっと笑顔《えがお》になってくれると思います。わたしたちはお客さまの大切な郵便物を、全国のすみずみまで正確《せいかく》・確実にお届けできるように取りあつかっています。みなさんに郵便ファンになってもらえればうれしいです。

仕分け（カラー口絵参照《さんしょう》）とほとんど同じです。手紙を確実《かくじつ》に配達《はいたつ》するために大切なのは、やはり人の目と手です。それは一三〇年以《い》上《じょう》の時間がたった今でも変《か》わっていません。

そして、最後にみなさんの家の郵便受けに手紙を入れているのは配達員の手です。手で書いた手紙には送った人の気持ちがこもっています。その気持ちを届けるのも、やはり人の手なのです。

最後は人の目と手で手紙を仕分けます。

おわりに

現在《げんざい》、はなれた場所にいる相手とコミュニケーションをとるための方法《ほうほう》はたくさんあります。携帯《けいたい》電話、電子メール、LINEなどのSNSを使えば、どこにいても連絡《れんらく》がとれます。けれども、携帯電話はかけた相手が話すことができる状況《じょうきょう》でないと使えません。メールやLINEも、スマートフォンやコンピューターなどの道具がなければ、受《じゅ》信《しん》も送信もできません。

一方、郵便《ゆうびん》は住所を書いて切手をはれば、時間はかかっても相手に必《かなら》ず届《とど》きます。届いた手紙はいつまでものこり、読み返すのにはなんの道具も必要《ひつよう》ありません。

そして何より、郵便は、電子メールなどのようにデジタルに変換《へんかん》されることなく、直接《ちょくせつ》自分の手で書いた文字、つまり差出人《さしだしにん》の言葉そのものが相手に届きます。

現在、郵便の利用数《りよう》はへっています。年賀状《ねんがじょう》くらいしか出さない人もいるでしょうし、その年賀状さえメールですませる人もいるかもしれません。それでもなお、年間約《やく》一六六億《おく》通という数の郵便物があつかわれています。

みなさんも、たまには手紙を出してみませんか。こったものでなくても、特別《とくべつ》なものでなくてもいいのです。

旅先から、季節《きせつ》の変《か》わり目に、はがきを一枚《まい》出してみてはいかがでしょう。受け取った人はきっとうれしい気持ちになるとともに、うれしい返事をあなたに送ってくれるかもしれません。

郵政博物館《ゆうせいはくぶつかん》

郵政博物館では、日本最大級《さいだいきゅう》となる約《やく》33万種《しゅ》の切手と、郵便《ゆうびん》、通信《つうしん》に関《かん》する資料《しりょう》約400点を展示《てんじ》しています。

博物館のテーマは「心ヲツナグ　世界ヲツナグ」で、「郵便ノ世界」「手紙ノ世界」などの６つの世界に分けて、郵便にまつわる歴史《れきし》や物語を紹介《しょうかい》しています。デジタル技術《ぎじゅつ》を使った体験《たいけん》・体感ができる展示もたくさんあります。

博物館の前身は1902年に開館した「郵便博物館」にまでさかのぼり、100年以上《いじょう》の長い歴史《れきし》があります。

いろいろな興味《きょうみ》深い展示物があります。

迫力《はくりょく》ある映像《えいぞう》を見られるメッセージシアター。

〒131-8139　東京都墨田区押上1-1-2
東京スカイツリータウン・ソラマチ９F
TEL：03-6240-4311
URL：https://www.postalmuseum.jp

資料画像提供：郵政博物館

取　材　協　力：日本郵便（第２章５節）

イラスト　サトウ ナオミ

多摩美術大学卒業の後、マネキン人形の顔描き、旅人などを経てイラストレーターに。現在も活動中。

知ってる？ 郵便のおもしろい歴史

2018年11月30日　初版第１刷発行

編　著　郵政博物館

発行人　松本 恒

発行所　株式会社 少年写真新聞社

〒102-8232　東京都千代田区九段南４-７-16 市ヶ谷ＫＴビルＩ

Tel（03）3264-2624　Fax（03）5276-7785

http://www.schoolpress.co.jp

印刷所　図書印刷株式会社

ISBN 978-4-87981-656-6　C8095 NDC693

ちしきのもり

『みんなが知りたい 放射線の話』 谷川勝至 文

『巨大地震をほり起こす』 宍倉正展 文

『知ろう！ 再生可能エネルギー』 馬上丈司 文　倉阪秀史 監修

『500円玉の旅』 泉 美智子 文

『はじめまして モグラくん』 川田伸一郎 文

『大天狗先生の㊙妖怪学入門』 富安陽子 文

『町工場のものづくり』 小関智弘 文

『本について授業をはじめます』 永江朗 文

『どうしてトウモロコシにはひげがあるの？』 藤田智 文

『巨大隕石から地球を守れ』 高橋典嗣 文

『「走る」のなぞをさぐる～高野進の走りの研究室～』 高野進 文

『幸せとまずしさの教室』 石井光太 文

『和算って、なあに？』 小寺裕 文

『英語でわかる！ 日本・世界』 松本美江 文

『本当はすごい森の話』 田中惣次 文

『小林先生に学ぶ 動物行動学』 小林朋道 文

以下、続刊